D1526253

EQUIPOS IDEALES

Patrick Lencioni

EQUIPOS IDEALES

Cómo reconocer y cultivar las tres virtudes esenciales

Argentina – Chile – Colombia – España
Estados Unidos – México – Perú – Uruguay – Venezuela

Título original: *The Ideal Team Player*
Editor original: Jossey-Bass
A John Wiley & Sons, Inc. imprint, Hoboken, New Jersey
Traducción: Martín R-Courel Ginzo

1.ª edición Enero 2017

Aribau, 142, pral. – 08036 Barcelona
www.empresaactiva.com
www.edicionesurano.com

ISBN: 978-84-92921-60-7
E-ISBN: 978-84-16715-77-0
Depósito legal: B-787-2017

Fotocomposición: Ediciones Urano, S.A.U.
Impreso por Romanyà Valls, S.A. – Verdaguer, 1 – 08786 Capellades (Barcelona)

Impreso en España – *Printed in Spain*

Este libro está dedicado a Tracy Noble, que me guió en
el proceso de escribirlo y cuya vida es un dechado
de humildad, hambre y empatía.

ÍNDICE

Introducción 11

La fábula 15

Primera parte: La situación 17

Segunda parte: El diagnóstico 25

Tercera parte: El descubrimiento 73

Cuarta parte: La ejecución 111

Quinta parte: Los indicadores 161

El modelo 177

Las tres virtudes de un jugador ideal de equipo ... 178

La definición de las tres virtudes 180

La historia del modelo 186

El modelo del jugador ideal de equipo 190

La aplicación 200

La conexión del modelo de jugador ideal de equipo con las cinco disfunciones de un equipo 242

Una última reflexión: más allá de los equipos de trabajo 246

Recursos adicionales 247

Agradecimientos 248

Sobre el autor 250

INTRODUCCIÓN

Si alguien me pidiera que confeccionara una lista de las cualidades más valiosas que una persona debería perfeccionar para prosperar en el mundo laboral —y ya puestos, en la vida—, en primer lugar pondría la de ser un jugador de equipo. La capacidad para trabajar con los demás eficazmente, para enriquecer las dinámicas del esfuerzo de un grupo, es, en el cambiante mundo actual, más crucial que nunca. Sin ella, son pocas las personas que logran triunfar en el trabajo, en la familia o en cualquier contexto social.

Estoy seguro de que la mayoría de las personas coincidirían en esto, razón por la cual es un poco sorprendente que los grandes jugadores de equipo sean hasta cierto punto escasos. A mi modo de ver, el problema radica en que no hemos definido qué se requiere para ser un jugador de equipo, lo cual deja el concepto en el terreno de la vaguedad, e incluso de la indefinición.

Otro tanto sucede con el trabajo en equipo en sí, el cual es objeto de más palabrería que atención realista. En mi libro, *Las cinco disfunciones de un equipo*, explicaba que el verdadero trabajo en equipo exige unas conductas tangibles y específicas: confianza basada en la vulnerabilidad; conflicto saludable; compromiso activo; exigencia mutua de responsabilidades entre iguales, y atención a los resultados. Afortunadamente, con coaching, paciencia y tiempo suficientes, la mayoría de la gente es capaz de aprender a asumir estos conceptos.

Sin embargo, debo admitir que a algunas personas se les da mejor que a otras ser jugadores de equipo y asumir estas cinco conductas. No es algo innato en ellas, pero ya sea por sus experiencias vitales, su trayectoria laboral o por un verdadero compromiso con su desarrollo personal, llegan a poseer las tres virtudes básicas que les permiten ser jugadores ideales de equipo: humildad, hambre y empatía. Por sencillas que puedan antojarse estas palabras, ninguna de ellas es exactamente lo que parece. Llegar a comprender los matices de estas virtudes deviene esencial para aplicarlas con eficacia.

A lo largo de los últimos veinte años de trabajo con líderes y sus equipos, he visto una y otra vez que cuando un miembro de un equipo carece de una o más de estas tres virtudes el proceso de creación de un equipo cohesionado es mucho más difícil de lo que debería, y en algunos casos, imposible. En The Table Group llevamos utilizando este planteamiento para la contratación y la gestión desde nuestra fundación en 1997, y se ha revelado como un notable indicador del éxito, además de un intérprete fiable del fracaso. En consecuencia, hemos llegado a la conclusión de que estas tres cualidades aparentemente obvias son al trabajo en equipo lo que la velocidad, la fuerza y la coordinación son al atletismo: hacen que todo lo demás sea más fácil.

Las repercusiones de todo esto son innegables. Los líderes capaces de encontrar, contratar y formar empleados con humildad, hambre y empatía tendrán una notable ventaja sobre los que no lo consigan. Estos jefes podrán crear equipos más sólidos mucho más deprisa y con mucha menos dificultad, y reducirán notablemente los penosos costes tangibles asociados a las intrigas, las rotaciones y los problemas de moral. Y los empleados que puedan encarnar esas virtudes se harán más valiosos, y tendrán más posibilidades de conseguir empleo en cualquier organización que valore el trabajo en equipo.

El propósito de este pequeño libro es ayudarles a comprender cómo la escurridiza combinación de estos tres sencillos atributos puede acelerar el proceso de hacer realidad el trabajo en equipo en el seno de sus organizaciones o en sus vidas, de manera que puedan lograr realmente los extraordinarios beneficios que conlleva.

Confío en que les sea de utilidad.

LA FÁBULA

PRIMERA PARTE
La situación

BASTA

Después de veinte años, Jeff Shanley ya estaba de Silicon Valley hasta la coronilla. Las largas jornadas de trabajo, el tráfico, la ostentación... Era el momento de realizar un cambio.

Para ser justos, no había sido realmente del trabajo de lo que se había hartado. De hecho, había gozado de una trayectoria profesional interesante y satisfactoria. Después de algunos empleos en el ámbito del marketing de las tecnologías punta, a los treinta y cinco años había cofundado una *start-up* tecnológica (una empresa de nuevo cuño). Al cabo de dos años, tuvo la suficiente suerte de ser degradado cuando el consejo de administración contrató lo que denominaron una directora general forjada en el oficio. Durante los siguientes cuatro años, aquella directora general, Kathryn Petersen, le enseñó más sobre liderazgo, trabajo en equipo y mundo empresarial de lo que él podría haber aprendido en diez años de escuela de empresariales.

Cuando Kathryn se jubiló, Jeff abandonó la empresa y dedicó los siguientes años a trabajar en una pequeña empresa de consultoría de Half Moon Bay, en lo alto de las colinas de Silicon Valley. Allí hizo carrera y estuvo a punto de convertirse en socio. Pero durante aquella época, él y su esposa empezaron a cansarse de intentar estar a la altura de los Jones, que era como se llamaba la familia que vivía en la carísima vivienda contigua.

Sin lugar a dudas, Jeff estaba listo para realizar un cambio. Adónde iría y a qué se dedicaría a continuación era un misterio para él. Y, desde luego, no esperaba que la respuesta le llegara por medio de una llamada telefónica de su tío Bob.

BOB

Robert Shanley llevaba tres décadas siendo el constructor más importante del valle de Napa. Ya fuera una bodega, un colegio o un centro comercial, si se iba a construir en Napa había muchas posibilidades de que Construcciones Valley tuviera una intervención destacada de una u otra manera.

Para desgracia de Bob, ninguno de sus hijos estaba interesado en tomar las riendas de la empresa familiar, y en su lugar habían decidido ser propietarios de restaurantes, corredores de bolsa o profesores de instituto. Y esa fue la razón de que Bob llamara a su sobrino para ver si conocía a alguien que pudiera estar interesado en dirigir la empresa al cabo de un par de años, cuando él se jubilara.

No era la primera vez que Bob recurría a su sobrino en busca de asesoramiento. Jeff le había ayudado en algunas ocasiones anteriores, y lo cierto es que un año antes había asesorado al equipo directivo sobre un importante proyecto relacionado con el trabajo en equipo, que era uno de los valores de la empresa. Jeff había enfocado su gestión en crear equipos más eficaces en los niveles más altos de la compañía.

A Bob le había encantado el trabajo desarrollado por Jeff, y solía alardear de su sobrino durante las reuniones familiares, por lo general diciendo algo en el sentido de «este chico es mi mejor consejero». Sus primos le tomaban el pelo a Jeff, fingiendo estar resentidos por el favoritismo que le mostraba su padre.

Bob tenía a Jeff en tan alto concepto, que no albergaba la menor expectativa de que a su ambicioso sobrino del apasionante mundo de la alta tecnología pudiera llegar a interesarle alguna vez trabajar en la construcción. Y por eso se quedó tan sorprendido cuando Jeff le preguntó: «¿Te plantearías contratar a alguien sin ninguna experiencia en el sector? ¿A alguien como yo?»

LA TRANSICIÓN

Al cabo de un mes, Jeff y Maurine Shanley habían vendido su diminuta casa de San Mateo y se habían mudado con sus dos hijos y un perro a la zona norte de Napa, de la ciudad, no del valle. El trayecto de Jeff hasta las oficinas de Construcciones Valley era de unos seis kilómetros y medio, y aunque respetara el límite de velocidad, no tardaba más de siete minutos.

Fue durante uno de esos trayectos cuando Jeff tuvo un arrebato inicial de arrepentimiento. Aunque todas las cuestiones domésticas habían salido bien, aprender todos los matices del sector de la construcción resultaba ser un reto mayor de lo que había esperado. O para ser más exactos, el problema era la ausencia de matices.

Todo lo relacionado con la construcción parecía reducirse a cuestiones físicas y materiales. Atrás quedaban los días de las discusiones teóricas y los planes inalcanzables. Ahora él estaba aprendiendo cosas nuevas de toda índole, desde el aire acondicionado y la madera hasta el cemento.

Pero pronto no solo se acostumbró a esta nueva manera de trabajar, sino que en realidad llegó a convertirse en su preferida. Las conversaciones sencillas sobre cosas tangibles tal vez fueran menos sofisticadas que la tecnología punta, pero también eran más gratificantes. Y estaba aprendiendo más de lo que podría haber imaginado de su tío, que no llegó a terminar la universidad pero parecía tener una comprensión mayor del negocio que muchos de los directores generales con los que Jeff había trabajado en el sector tecnológico.

Después de ocho semanas de observación y aprendizaje, él llegó a la conclusión de que trasladarse a Napa había sido lo correcto y que el estrés de su vida anterior en Silicon Valley había terminado.

Se equivocaba.

SEGUNDA PARTE
El diagnóstico

LOS ENTRESIJOS

Bob Shanley nunca había sido un hombre prudente, lo cual era una de las razones de que a su empresa le hubiera ido tan bien. Había hecho crecer la empresa a base de firmeza y audacia mientras los demás trataban de cubrirse las espaldas. Aparte de las ocasionales e inevitables crisis económicas, a largo plazo la mayoría de las decisiones de Bob habían arrojado unos considerables beneficios.

La empresa tenía a más de doscientas personas en plantilla, lo que la convertía en una de las mayores empleadoras de la zona. Esos empleados, que iban desde peones de la construcción a ingenieros, estaban generalmente bien pagados y gozaban de unos generosos planes de beneficios sociales, que era lo que Bob más valoraba. Aunque los incentivos variaban de un año a otro, dependiendo de la economía de la región y del crecimiento de la empresa, ninguna de las personas que trabajaba en Construcciones Valley consideraba que estuviera mal pagada.

Los empleados no eran las únicas personas que dependían de los buenos resultados económicos de CV. Un grupo reducido de parientes, a los que Bob llamaba «socios privados», tenían intereses económicos en la empresa. Dicho grupo estaba integrado por la esposa y los hijos de Bob, además de algunos de sus hermanos que le habían ayudado a poner en marcha la compañía treinta años atrás. Uno de estos hermanos era el padre de Jeff, que había confiado en las ganancias de la empresa para ayudarse a financiar su jubilación.

A lo largo de estos primeros meses en el puesto, Jeff se había centrado casi exclusivamente en aprender el funcionamiento del mundo de la construcción. Esto consistía fundamentalmente en estudiar la naturaleza táctica y financiera cotidiana del negocio, estudio que lo abarcaba todo, desde la adquisición de los materiales y el cumplimiento de los calendarios hasta las licencias y los costes laborales. Bob decidió esperar unos meses para instruirle sobre los asuntos estratégicos a más largo plazo relacionados con la salud financiera general de la empresa y el desarrollo de nuevas actividades. Aunque Jeff le hacía sin duda algunas preguntas sobre estas cuestiones, Bob le aseguró que se sentaría con él para revisar esa parte del negocio en cuanto su sobrino se encontrara a gusto con las cuestiones básicas del sector de la construcción.

Jeff no tenía ni idea de lo poco que tardaría en llegar ese día ni de lo impactante que sería dicha conversación. En realidad, tampoco Bob la tenía.

LA REVELACIÓN

En un almuerzo en un lujoso restaurante cerca del río Napa, Bob fue directamente al grano.

—Voy a ir al grano. Me siento ridículamente satisfecho de haberte contratado. Ya te has convertido en una bendición para mí y para la empresa.

Jeff se sintió más complacido por aquel comentario que por cualquier otro que hubiera oído a lo largo de su vida profesional, probablemente porque provenía de un familiar. Pero se dio cuenta de que su tío no había terminado.

—De hecho, no voy a esperar un año para ponerte al mando. Vamos a hacerlo inmediatamente.

Cogido completamente por sorpresa por el anuncio, Jeff se puso a la defensiva.

—Caray. Creo que no deberíamos adelantarnos a...

Bob sonrió y le interrumpió con un gesto de la mano.

—No empieces a decirme que no estás preparado, porque eso ya lo sé.

Jeff estaba desconcertado.

—No quiero que estés preparado, Jeff. Te quiero entusiasmado. Y un poco nervioso. Eso te irá bien.

A Jeff le pareció que había algo raro en la propuesta de su tío.

—Bueno, creo que estaré sobradamente entusiasmado y nervioso dentro de seis meses. ¿Por qué no...?

—Porque no podemos —le interrumpió Bob de nuevo, esta vez en un tono mucho más serio. Guardó silencio y se tuvo que esforzar para seguir hablando—. Jeff, mi médico dice que tengo una dolencia cardíaca. La clase de enfermedad de la que uno no se recupera. No entiendo la mitad de las palabras que utiliza. Algo acerca de isquemia y angina. Lo único que sé es que dice que tengo que operarme y que mi vida necesita cambiar. De inmediato.

Justo entonces, la camarera rompió la tensión del momento cuando se acercó a tomar nota. Recobrando la compostura, Bob pidió rápidamente una ensalada sin aliñar y un vaso de agua. Luego, le dijo a su sobrino de guasa.

—Pero si tú no pides las costillas, te voy a patear el culo aquí mismo.

Jeff se rió, y pidió las costillas. Cuando la camarera se alejó, planteó a Bob la cuestión trascendental.

—¿Te pondrás bien?

—Si la operación sale bien y hago lo que el médico me dice, debería recuperarme. Pero me va a costar. Y esta es la razón de que tenga que alejarme de la empresa. —Hizo una pausa—. Me parece increíble que haya dicho eso. Creo que sigo conmocionado por saber que no voy a estar allí la semana que viene. Pero tengo que irme, porque no se me da nada bien hacer las cosas a medias.

—¿Cuándo es la operación?

—Dentro de ocho días, a menos que haya algún cambio y me puedan operar antes.

Jeff se quedó estupefacto.

Aunque estaba dando muestras de su aplomo y humor característico, era evidente que Bob estaba hablando de todo aquello con mucha seriedad.

—Sinceramente, Jeff, no sé lo que hubiéramos hecho de no haberte contratado.

Él asintió, satisfecho por la confianza que se le demostraba, aunque sin que las circunstancias le hicieran ninguna gracia. Circunstancias que estaban a punto de empeorar considerablemente.

LAS DESGRACIAS NUNCA VIENEN SOLAS

Jeff decidió ahondar en los detalles.

—Detesto hacer esto, pero creo que es hora de que hablemos del balance y del estado financiero a largo plazo de la empresa.

Bob asintió con cierta timidez y alargó la mano para sacar algo del maletín en el que guardaba su ordenador.

—Creo que he traído la mayor parte de lo que necesitas.

Conociendo bien a su tío, Jeff estaba empezando a sospechar que algo no iba bien. Y decidió corroborarlo.

—Basándome en todo lo que he visto hasta la fecha, supongo que la empresa goza de bastante buena salud. —Fue más una pregunta que una afirmación.

Bob sonrió, y lo hizo de la misma manera que solía hacer cuando, siendo sus hijos todavía unos niños, les aseguraba que no los arrojaría a la parte profunda de la piscina justo antes de hacer exactamente eso.

—Por supuesto. —No pareció decirlo con mucho aplomo—. Pero tengo que hablarte de algunos nuevos retos y oportunidades.

Pese a su preocupación, Jeff soltó una sonora carcajada.

—Me parece que no me gusta cómo suena eso.

—Ah, todo irá bien. Así es como funciona el sector, nada más.

La camarera apareció con la cerveza de Jeff y el agua de Bob.

—Bueno, ¿de qué clase de retos y oportunidades estamos hablando? —preguntó Jeff.

Bob dejó de rebuscar en su maletín y miró a Jeff a los ojos con una extraña mezcla de entusiasmo y preocupación.

—Jeff, acabamos de hacernos con dos grandes proyectos.

Guardó silencio para dejar que su sobrino asimilara la información, y entonces prosiguió.

—Es muy emocionante. El proyecto del Hospital Reina del Valle, del que ya te hablé hace unas semanas, se logró el lunes. Y ayer por la mañana firmé los documentos del proyecto de un nuevo hotel en Santa Helena. —Hizo una pausa y pareció obligarse a mostrar una gran sonrisa—. Vamos a construir los dos.

Jeff estaba desconcertado.

—Pero esas son buenas noticias, ¿no es así?

—Son unas noticias fantásticas —respondió su tío en un tono de voz que no era tan fantástico.

—¿Cuándo fue la última vez que tuvimos en agenda dos proyectos como estos al mismo tiempo? —Jeff sentía muchísima curiosidad por saber.

Bob titubeó, bajó la mirada a su vaso de agua durante un instante y la levantó de nuevo para mirar a Jeff.

—Esa es la cuestión. Jamás habíamos tenido dos proyectos tan importantes como estos al mismo tiempo. —Hizo una pausa—. De hecho, tanto el uno como el otro superan en tamaño todo lo que hemos hecho hasta ahora.

Cualquier asomo de sonrisa que quedara en la cara de Jeff se esfumó. Pero por más abrumado que estuviera, aún le quedaba por recibir la peor noticia de todas.

COMPROMETIDO

Jeff respiró hondo.

—De acuerdo. Sé que esto es difícil de oír, y lo último que quiero hacer es aumentar tus preocupaciones, Bob. Pero tal vez tengamos que centrarnos en uno de los proyectos y olvidarnos del otro. Es decir, me parece que esto sería un reto si tú estuvieras dirigiendo la empresa, pero con un director general nuevo e inexperto como yo, podría ser la receta para el desastre.

Bob asintió y bebió un trago de agua.

—Lo entiendo.

Jeff quería tranquilizarse, pero intuyó que se avecinaba una aclaración. Estaba en lo cierto.

—Lo que ocurre es que el acuerdo con el hospital es que si nos echamos atrás, perdemos una enorme tajada de dinero. Y en cuanto al hotel, ya nos han adelantado un primer pago, parte del cual estamos utilizando en terminar el centro comercial de Oak Ridge.

Jeff se estaba empezando a inquietar. Le dio un buen trago a la botella de cerveza que tenía delante.

—Así que estamos hablando de algunos problemas de liquidez, ¿no es así? ¿Y la magnitud del asunto es tal que no podemos abandonar?

Bob asintió.

—Bueno, sí. Sería romper los acuerdos. —Entonces volvió a mostrar su sonrisa—. Pero tan pronto como pongamos esos proyectos en marcha, habremos solucionado los problemas de caja.

De pronto, Jeff dejó de estarle tan agradecido a su tío. Bob trató de animarlo.

—Puedes hacerlo, Jeff. Eres más inteligente que yo. Eres más joven que yo. Y tendrás ayuda de sobra.

El tono de Jeff cambió.

—¿Hace cuánto tiempo que sucedió todo esto? —Su voz empezaba a adoptar un tono ligeramente acusatorio.

—Bueno, como ya te he dicho, el acuerdo del hotel se cerró ayer, y el del hospital...

—No, me refiero a lo del médico —le interrumpió Jeff.

Bob estaba desconcertado.

—Bueno, eso fue ayer por la tarde. Se suponía que solo iba a ser una revisión preventiva, porque había sentido un pequeño dolor últimamente. —Puso los ojos como platos al caer en la cuenta de repente de adónde quería ir a parar Jeff—. No pensarás que sabía todo esto y te tendí una trampa, ¿verdad? Yo no te haría eso, Jeff.

Bob empezó a parecer un poco turbado.

—Si hubiera tenido la menor idea de que iba a dejar la empresa, jamás habría aceptado esos proyectos ni te habría puesto en este aprieto.

Jeff se sintió fatal por su tío y por haber dado la impresión de desconfiar de él. Pero no pudo evitar hacer la siguiente pregunta:

—¿Así que *no* crees que pueda hacerlo?

—No, no he querido decir eso. Me refería a que ponerte en una situación así no es algo que habría hecho a propósito. Pero eso no significa que no puedas manejarlo. Tendrás que contratar a unas cuantas personas más. Es una cuestión de envergadura, nada más. Todo saldrá bien.

Jeff confiaba en que Bob lo dijera de verdad. Él no lo tenía nada claro.

EL SALTO

Jeff decidió no acabar el resto de la cerveza. Resolvió que tendría que regresar al trabajo y estar centrado lo que quedaba de la tarde, y probablemente hasta bien entrada la noche.

Bob le dijo a su sobrino que ya había informado a los dos máximos ejecutivos del inminente cambio, y le aconsejó que fuera a verlos nada más terminar de comer. Jeff accedió, y entonces le preguntó a su tío si tendría libertad absoluta para dirigir la empresa.

Bob le tranquilizó.

—Sin límites ni restricciones. Desde este mismo momento.

Satisfecho por tener tal garantía, Jeff dedicó el resto de la comida a hablar con su tío de la salud y la familia de este. Nada de trabajo. Al terminar la conversación, cuando se levantó para marcharse, se disculpó por haber dudado de sus intenciones.

—No te culpo —le tranquilizó su tío—. Yo me hubiera hecho las mismas preguntas.

De pronto, Bob sonrió y miró a su sobrino fijamente.

—¿Sabes qué? Una de las peores cosas de todo esto es que no vaya a trabajar contigo. —Se interrumpió para evitar ponerse sentimental—. Puede que no lo sepas, pero hacía años que no había estado tan ilusionado como en estos dos últimos meses.

Jeff abrazó al hermano de su padre de una manera que no tenía nada que ver con los negocios, y abandonó el restaurante con una profunda tristeza.

De regreso a las oficinas de CV, llamó a los dos ejecutivos en los que depositaría su confianza para mantener con vida a la empresa y concertó una reunión para esa tarde. Una de las razones de que no hubiera perdido todas las esperanzas en su futuro en la empresa era la confianza que tenía en dos empleados veteranos, Clare Massick y Bobby Brady.

Clare era una espigada rubia unos años más joven que él. Dirigía el departamento de administración de la empresa, el cual englobaba las áreas financiera, jurídica y de recursos humanos. Había sido la única jefe de recursos humanos en la historia de la empresa, contratada a regañadientes siete años atrás después de que el abogado personal de Bob le convenciera de que no tener un departamento de recursos humanos dejaba expuesta jurídicamente a la compañía. Bob insistió en buscar a alguien que apoyara a la empresa y estuviera interesado en la construcción. Como le había explicado a los candidatos que entrevistó: «No quiero que ningún ecologista que odie el negocio entre aquí y joda la cultura.»

Muchos de aquellos candidatos optaron por no participar en el proceso de selección, pero cuando Clare oyó aquellas palabras, supo que aquel era su sitio. Hija de un militar y una profesora de baile, le había costado encontrar su vocación una vez acabados los estudios universitarios. Fascinada por la psicología y el mundo empresarial, aunque no lo suficiente para decantarse profesionalmente por una u otro exclusivamente, decidió que los recursos humanos podrían proporcionarle la combinación adecuada.

Sus primeros años en ese campo antes de incorporarse a CV fueron espantosos, una mezcla de burocracia y seminarios superficiales. Clare estaba casi a punto de tirar la toalla cuando oyó hablar de la oferta de trabajo en Construcciones Valley. Después de 20 minutos con Bob Shanley, había cambiado de idea.

Jeff había conocido a Clare años atrás, especialmente a través de la consultoría sobre el trabajo en equipo que había realizado para CV. Durante las reuniones del equipo directivo, no había tardado en darse cuenta de por qué a Bob le gustaba Clare y la razón de que hubiera depositado tanta responsabilidad en sus manos. Por suerte, ella pareció alegrarse cuando Jeff se incorporó a la empresa, así que este pensó que trabajarían bien juntos.

Por su parte, el fornido y risueño Bobby Brady, un cincuentón de pelo canoso, era el jefe de todas las operaciones de campo de CV. Había demostrado su buen carácter por primera vez once años antes, cuando al incorporarse a la empresa sus compañeros habían decidido que sería demasiado complicado tener a dos Bob en el equipo directivo. Así que, en un momento de alegre crueldad, le habían llamado Bobby, plenamente conscientes de que ese era el nombre del personaje del hijo pequeño de *La tribu de los Brady*, una de las comedias de situación más emblemáticas de Estados Unidos.

Bob, o Bobby, ni se inmutó, asumiendo el apodo con humor autocrítico y elegancia inesperada, decidido a deshacerse de él en poco tiempo. Pero, para su gran sorpresa, se acostumbró rápidamente a su nueva identidad en el trabajo y descubrió que le ayudaba a entablar relaciones con los contratistas y proveedores a los que les gustaba tomarle el pelo.

Y sin duda, ayudó que Bobby conociera el mundo de la construcción al dedillo. Se había ganado una merecida reputación en la profesión por ser honrado, diligente y puntual en la entrega de sus proyectos, algo que lo diferenciaba de muchos de sus colegas del sector.

Cuando Jeff llamó a Clare y a Bobby de regreso a la oficina para pedirles que se reunieran con él en el despacho de Bob, se enteró de que este les había comunicado a ambos la gran noticia unas horas antes, durante el desayuno. Jeff sentía bastante curiosidad por descubrir qué era lo que pensaban Clare y Bobby de la nueva organización con tan pocas horas para digerir la noticia. Sus reacciones no serían lo que él había esperado.

LA ACTUACIÓN

Cuando Jeff llegó, Clare y Bobby ya estaban en el despacho de su tío, una habitación corriente que Bob se había negado a modernizar o decorar desde que se fundara la empresa. Su esposa se refería al estilo de la estancia como de «la década de los setenta», lo cual encajaba con su marido a la perfección.

Bobby estaba sentado detrás de la gran mesa de madera, y no parecía contento.

—Siéntate, Jeff. —Aquello pareció una orden.

Clare fue la que empezó a hablar.

—Jeff, creo que sabes que no somos de la clase de personas que sonríen a alguien cuando lo tienen delante, y luego hablan mal de él a sus espaldas. Vamos a ser francos contigo, te guste o no.

Antes de que Jeff pudiera decir «pues claro», Bobby tomó el control.

—La cuestión es que no nos hace ninguna gracia que seas nuestro nuevo jefe.

Jeff se quedó de piedra. Más tarde, esa misma noche, le diría a su esposa que había tenido la sensación de encontrarse en la escena de una mala película.

Bobby hizo una pausa para dejar que las palabras flotaran en el ambiente antes de proseguir.

—Me he dejado el culo trabajando durante más de diez años para el engreído de tu tío, ¿y cómo me lo paga? ¿Otorgándole el gran puesto a su sobrino?

Jeff estaba atónito y miró a Clare para ver si ella compartía parte de su sorpresa ante las duras palabras que salían de la boca de Bobby. No parecía que así fuera, porque la mujer se limitó a mirar fijamente a Jeff, que hizo un intento por defenderse.

—Escuchad, no me esperaba...

Bobby le interrumpió.

—No quiero oírlo. Cuando llegaste aquí, sabías que estabas en una posición ventajosa. Cuando te contrató, Bob debía saber que esto iba a suceder.

—No, me dijo que había estado en el médico ayer y que él...

Ahora fue Clare quien le interrumpió.

—Vamos, Jeff. ¿No pensarás que nacimos ayer?

Clare dio la impresión de tener algo más que decir, pero se calló de golpe, se levantó y se alejó de Jeff para dirigirse a las ventanas.

Bobby la miró con una mezcla de preocupación y decepción en el rostro. Y, con más intensidad que antes, prosiguió su diatriba contra Jeff.

—Así que esta es la situación: si tú vas a ser el jefe, nosotros nos vamos de aquí.

Jeff se sentía mareado. No tenía palabras.

Por enfadado que pudiera estar, Bobby parecía distraído por Clare, a la que no paraba de lanzar miradas.

Jeff se giró para ver por qué y advirtió que Clare estaba temblando visiblemente.

¿Está llorando?, se preguntó.

—¡Que tengas suerte haciendo funcionar este lugar tú solo, amigo!

Bobby se levantó y se dirigió a la puerta.

—Vamos, Clare.

Fue entonces cuando la mujer pareció venirse abajo. Inclinándose para ocultar la cara entre las manos, empezó a temblar todavía más.

Jeff estaba más confundido que nunca.

Y en ese momento distinguió el ruido que hacía Clare reprimiendo la risotada.

—¡Mierda, Clare! —le gritó Bobby a su compañera.

Ella se volvió hacia Bobby y estalló en una carcajada.

—Lo siento, no he podido más.

—¡La has cagado! ¡Lo teníamos en el bote! —Bobby miró a Clare sacudiendo la cabeza.

Al final, Jeff aceptó la broma que le habían gastado.

—¡Sois unos canallas! —Su indignación se vio más que atemperada por el alivio que sintió. Con una sonrisa, cogió una botella de agua de la mesa que tenía delante y se la arrojó a Bobby, que la atrapó.

—Admítelo. Te lo has tragado —bromeó él.

—Lo siento, Jeff —le imploró Clare a su nuevo jefe—. Me obligó a hacerlo.

—Bueno, supongo que te estarás ocupando de tu propio despido, ¿no? —le respondió Jeff en plan de broma.

La mujer hizo una mueca.

—Bob se va a cabrear con nosotros cuando se entere de esto.

—No, no lo hará —replicó Bobby—. Le parecerá desternillante.

Jeff estaba de acuerdo.

—Sí que se lo parecerá. El muy engreído…

HUMOR NEGRO

Acto seguido Clarc intentó serenar el ambiente.

—¿Por qué nos estamos riendo? Si estamos todos jodidos.

Esto solo provocó que se rieran con más fuerza durante un instante, hasta que la realidad empezó a imponerse.

A Jeff le pareció que, teniendo en cuenta la enfermedad de su tío, la situación era un tanto lúgubre.

—¿Creéis que se pondrá bien?

Clare se sintió repentinamente mal por su nuevo jefe.

—Ah, sí, estoy segura. Cuéntale lo que me dijiste antes, Bobby.

—A mi hermano le diagnosticaron lo mismo hace unos años y le practicaron la misma intervención quirúrgica. No hay tanto peligro, siempre que cambie de dieta y de estilo de vida. —Bobby hizo una pausa para dejar que Jeff lo asimilara todo—. Se pondrá bien.

Contento por las palabras tranquilizadoras sobre su tío, Jeff también necesitaba algunas para él.

—Bueno, ¿qué hay de verdad en lo que dijisteis antes? —Antes de que pudieran responderle, se explicó—: Me refiero a si os parece que uno de los dos debería haber ocupado el cargo.

Jeff se alegró de que Bobby se adelantara.

—¿Estás de broma? Si Bob me hubiera nombrado director general, me habría largado. Sé lo que se me da bien, y no es esto —dijo, echando un vistazo por el despacho—. Lo mío son las operaciones de campo.

Clare intervino.

—Y a pesar de lo mucho que me ha gustado aconsejar a Bob, yo no estaría bien en esa silla. Eso no es para mí.

—De acuerdo, pero ¿qué os parece que sea yo el que se siente en ella?

—Bueno, mentiríamos si no reconociéramos que teníamos nuestras reservas —dijo Clare con una combinación perfecta de franqueza y compasión.

Bobby continuó.

—Bueno, sí. Estamos tan preocupados como tú, amigo mío. Pero no es que hubiéramos pensado en otra persona a la que consideráramos mejor. Dado lo disparatado de la situación en este momento, es probable que seas nuestra mejor alternativa.

—¿Por qué dices eso?

Fue Clare la que respondió.

—Porque necesitamos a alguien que conozcamos y en quien podamos confiar. Ahí fuera no hay ningún héroe que pueda venir y hacer este trabajo. Y además tú estás involucrado. Eres de la familia.

—Y no eres un cretino —proclamó Bobby sin un ápice de humor—. Eres un buen chaval y escuchas. Sabemos que nos escuchas.

Jeff nunca hubiera imaginado que las palabras «no eres un cretino» pudieran ser tan reconfortantes. Ni que a sus cuarenta años se le consideraría un chaval. Sin embargo, tenía que insistir un poco más.

—De acuerdo, os lo agradezco. Pero tengo que haceros la gran pregunta. —Hizo una pausa para impresionarles—. ¿Estáis preparados para dejar que sea el líder de la empresa? ¿Y el vuestro?

Clare y Bobby se miraron y luego se volvieron a Jeff.

—Completamente —declaró Bobby.

Clare estaba de acuerdo.

—Lo mismo digo.

Jeff se sintió aliviado.

—Muy bien. ¿Os apetece que vayamos a cenar esta noche?

LA PRIMERA REUNIÓN

Sentados a una gran mesa en la parte posterior del restaurante mexicano Maria's, a pocas manzanas de la oficina, Jeff y sus nuevos subordinados directos apartaron los platos y los cubiertos para dejar sitio a los documentos. Puesto que era un viernes por la noche y que la comida de Maria's no era especialmente buena, disponían de gran parte del establecimiento para ellos.

—Muy bien, tratemos de evitar entrar en demasiados detalles por el momento —aclaró Jeff—. Limitémonos a identificar las herramientas más importantes que vamos a necesitar para hacer este trabajo.

Bobby y Clare no respondieron de inmediato, así que se explicó.

—Estoy hablando de las grandes categorías. Como la financiación. La mano de obra. Los materiales.

Entonces los otros asintieron y casi al unísono dijeron «mano de obra».

Con la boca llena, Jeff les hizo un gesto para que se explicaron, y Bobby empezó.

—Por lo menos, tenemos que incorporar —hizo una pausa para hacer unos rápidos cálculos mentales— a sesenta personas más en los próximos dos meses. —Miró a Clare en busca de confirmación.

Ella mostró su conformidad con un suspiro.

—¿De qué clase de gente estamos hablando? —quiso saber Jeff—. ¿De carpinteros? ¿Directores de proyectos? ¿Capataces?

—Sí —respondió Bobby sin ningún sentido del humor—. De todo.

Clare añadió.

—Pero primero tenemos que hacer cuatro contrataciones esenciales. Un director de proyecto para el hospital, dos capataces y un ingeniero jefe.

—Tres capataces —le corrigió Bobby.

—De acuerdo, puede que tres capataces. Y además vamos a necesitar media docena de supervisores y unos cincuenta contratistas de todo tipo. —Clare sacudió la cabeza como si no se hubiera dado cuenta de toda la gravedad de la situación hasta haber repasado la lista—. Es una locura.

Jeff anotó las cifras en una libreta.

Se pasaron los siguientes treinta minutos hablando de los puestos concretos que tenían que cubrir y de cómo los utilizarían.

Entonces decidió que era hora de seguir adelante.

—De acuerdo, ¿qué más, aparte de las contrataciones?

Durante casi dos horas, los tres ejecutivos repasaron los detalles de los dos grandes proyectos, desde los permisos y calendarios hasta el diseño y los materiales.

Jeff pensaba que había aprendido mucho en sus primeros sesenta días en el trabajo, pero más tarde admitiría que asimiló más durante aquellas tres horas en Maria's que en los dos meses anteriores. Fue como un curso acelerado en dirección de obras, inspirado por la nueva sensación de urgencia. Y el miedo.

A las nueve, decidió dejarlo por esa noche.

—No nos quememos en la primera etapa de esta carrera.

Los tres acordaron reunirse a la tarde siguiente después de que Bobby regresara de la obra de Oak Ridge, un problemático proyecto de un centro comercial que CV trataba de terminar.

EL REAGRUPAMIENTO

Camino de casa, Jeff llamó al hijo pequeño del tío Bob, Ben. Este siempre había sido su primo favorito por la misma razón que Bob era su tío favorito. Ben compartía la fuerte personalidad de su padre, aunque no su barriga.

Además era profesor de historia y entrenador de baloncesto en un instituto del valle de Santa Helena. Aunque acababa de cumplir los cuarenta, se había convertido casi en un entrenador legendario cuyos equipos siempre parecían ganar más de lo que su talento prometía.

No queriendo ser insensible, Jeff decidió que no hablaría de los asuntos de la empresa.

—¿Cómo llevas lo de tu padre?

Ben no parecía excesivamente preocupado.

—Estoy bien. Me alegra que lo descubriera cuando lo hizo. De acuerdo con el médico, debería ponerse bien, siempre que deje de comer toda esa porquería y se aleje del estrés del trabajo. Con franqueza, puede que esté más preocupado por ti.

—¿Por mí? —Jeff estaba verdaderamente sorprendido.

—Sí, me pregunto cómo te sientes, una vez que papá se ha hecho a un lado. Y qué es lo que piensas que va a pasar en CV.

Durante un instante, Jeff se preguntó si Ben estaba más preocupado por su primo o por sus intereses económicos.

—Bueno, va a ser difícil, pero después de reunirme con Clare y Bobby esta noche, creo que lo resolveré. —Jeff estaba mostrando más confianza de la que realmente sentía.

—Ojalá pudiera ayudar. —Ben parecía sincero.

—Bueno, aceptaré toda la ayuda que pueda conseguir. ¿Tienes algunas opiniones o ideas sobre el negocio?

—Me temo que no sé mucho sobre los elementos fundamentales de lo que hacía papá. Ojalá lo supiera. Pero si quieres crear un equipo de baloncesto en la empresa, soy tu hombre.

Jeff se rió.

—Vale. Eh, si puedo hacer algo por tu madre y tu padre, dímelo.

—Lo haré. Lo principal es que los tengas presentes en tus oraciones.

—Sabes que sí.

Ben sonrió.

—Todos te agradecemos de corazón lo que estás haciendo por papá. La empresa significa mucho para la familia, y no solo económicamente.

—Pues claro —respondió Jeff, haciendo todo lo posible para disimular la creciente presión que estaba sintiendo.

Los primos acordaron encontrarse al cabo de una semana para tomar un café, y la conversación acabó justo cuando Jeff entraba en el camino de acceso a su casa.

No había hablado con su esposa, Maurine, desde que se produjeran todos estos acontecimientos, ya que quería darle la noticia en persona. Ella era una fuente permanente de objetividad y empatía, además de optimismo. Generalmente, él agradecía tal optimismo. Esa noche, no obstante, le decepcionó bastante que Maurine no pareciera ni siquiera un poco preocupada.

—Por más que lo sienta por Bob, me parece que el trabajo en sí son buenas noticias para ti —comentó su esposa.

Él la miró como si estuviera loca.

Ella se lo aclaró.

—Escucha. Me encanta que aquí haya más tranquilidad y que tengas el trabajo más cerca y nos veamos más. Pero necesitas un desafío. Tú siempre has necesitado desafíos.

—No lo sé. —Jeff respiró hondo—. Puede que esto sea estar demasiado cerca de casa.

Ella pareció sorprenderse un poco.

—¿Te refieres a la cuestión de la familia?

Él asintió.

—Nunca pensé que mi éxito en el trabajo pudiera repercutir en la relación con mi familia. Narices, hasta mi padre se enterará si meto la pata.

Maurine desestimó todas sus objeciones.

—No seas tonto. Todos te apoyan. Nadie espera que seas Superman. Limítate a abordar cada problema a su tiempo.

Jeff quiso discutírselo, pero sabía que ella estaba en lo cierto. Pensar demasiado en el panorama general lo desbordaría, aunque sin duda podría gestionar los asuntos de uno en uno.

Por suerte, el primero y más importante sería el tema de su reunión del día siguiente.

LAS COSAS SE COMPLICAN

Al dirigirse al trabajo por la mañana Jeff dio un rodeo y se detuvo en la obra de Oak Ridge para examinarla con Bobby y su equipo. Cuando se detuvo junto al remolque, no vio el coche de Bobby.

—Se ha marchado hace cinco minutos —le informó alguien que estaba parado en el exterior del remolque de CV.

Jeff decidió dedicar un rato a pasear por la obra, donde saludó a todos los trabajadores que pudo encontrar solo para hacerse una idea mejor de quiénes eran. Sin duda no era la primera vez desde que se incorporara a la empresa que había ido a una obra; había convertido en costumbre visitar las obras varias veces a la semana. Pero nunca había estado en Oak Ridge, más que nada porque estaba casi terminada y proporcionaba pocas oportunidades de aprender en comparación con los proyectos que estaban en fases más iniciales. Pero en ese momento estaba aprendiendo nuevas cosas y considerando la obra desde la perspectiva de un director general, aunque nadie sabía que era el nuevo jefe.

Cuando regresó a la oficina, Bobby y Clare estaban sentados a la mesa del tío Bob.

—Eh, creía que ibas a pasar la mañana en Oak Ridge —le dijo a Bobby—. Supongo que no te pillé por unos minutos.

Clare arrastró su portátil abierto hacia Jeff y se lo puso delante.

—Tienes que leer esto. Lo vamos a enviar esta mañana —explicó con cierta tristeza.

Jeff se sintió confundido.

—De acuerdo. —Se sentó para leer un correo electrónico que Bob había escrito a sus empleados. Era una conmovedora misiva en la que hablaba de su enfermedad, del cariño que sentía por CV y la gente que trabajaba allí y de su tristeza por tener que marcharse. Al cabo de un instante, Jeff estaba llorando. Bob también expresaba la enorme satisfacción que le suponía anunciar el nombramiento de Jeff como nuevo jefe de la empresa. Incluso comentaba que Clare y Bobby le habían transmitido la confianza que tenían en su sobrino, tanto en lo personal como en lo profesional.

Cuando Jeff terminó, levantó la vista hacia Bobby y Clare, que parecían al mismo tiempo tristes por Bob y preocupados por la empresa.

—Bob quería enviar un vídeo —explicó Clare—, aunque decidió que no sería capaz de terminarlo porque se emocionaría demasiado.

—Y por si acaso te lo estás preguntando, decía la verdad sobre la confianza que tenemos en ti —añadió Bobby sin ponerse demasiado emotivo.

Jeff se sintió abrumado, sobre todo por la gratitud, pero también por la presión. Nunca olvidaría ese instante.

Por suerte, Clare rompió el silencio.

—Muy bien, chicos. Tenemos que ponernos a trabajar. —Guardó silencio y respiró hondo—. Bueno, ¿qué está pasando en Oak Ridge, Bobby?

—Hoy las cosas parecen marchar bien. Esa es la razón de que viniera temprano. Me pareció que debíamos ponernos en marcha lo antes posible.

Jeff se trasladó a su mesa y abrió la agenda.

—De acuerdo, entonces. Hablemos del personal. —Miró sus notas—. Básicamente, contamos con ocho semanas para contratar a sesenta personas.

Bobby hizo una mueca.

—Ay. No digas ocho semanas. Di dos meses. Parece más tiempo. —Luego corrigió a su jefe—. Y más bien son ochenta personas.

Jeff miró su agenda con desconcierto.

—Espera. Anoche dijiste sesenta.

Clare se lo aclaró.

—Dijimos que necesitábamos sesenta personas más para el proyecto. Para hacer eso tendremos que contratar al menos a ochenta.

—¿Por qué?

—Como poco, perderemos a veinte de ellos por el camino.

Jeff se quedó estupefacto.

—Esa es una rotación del treinta y tres por ciento.

—Nosotros también sabemos matemáticas, chico listo —se burló Bobby.

Jeff miró a Clare.

—¿Eso es normal en todas las empresas constructoras? ¿Por qué no había oído hablar de esto antes?

Ella se lo explicó.

—La rotación en la construcción no es algo infrecuente. Pero nosotros estamos por encima de la mayoría.

—¿Por qué?

—Porque somos un poco más exigentes en cuanto a la conducta de nuestros empleados. Bob no tolera a la gente que no encaja en la cultura de CV.

—¿Te refieres al trabajo en equipo? —preguntó Jeff.

Clare y Bobby asintieron a la vez.

Jeff decidió aparcar el asunto de la rotación por el momento.

—De acuerdo —dijo con un suspiro—, ¿dónde encontramos a esa gente? Empecemos por los carpinteros y por los encofradores.

Clare le quitó importancia al asunto con un ademán de la mano.

—Eso lo tenemos cubierto. Tenemos recursos, y si lo necesitamos, podemos ocupar los puestos de menor nivel mediante subcontratistas y trabajadores temporales. Nos costará más, pero a estas alturas ese es un problema menor.

—¿Y qué hay de los capataces y del director de proyecto?

—Bueno, eso es un poco más peliagudo. Hace unos meses perdimos a dos capataces, así que ya vamos un poco retrasados.

—Ya, ¿y qué pasó con eso?

—Bien, ya sabes que Oak Ridge lleva casi un mes de retraso, lo cual no es lo peor que podría haber sucedido dados los problemas que tenemos. Dos de nuestros mejores capataces se largaron porque la situación en la obra estaba envenenada.

Jeff parecía preocupado.

—No quieres decir literalmente envenenada.

—No, quiero decir desagradable. Teníamos un director de proyecto problemático que gestionaba una parte del trabajo y unos pocos capataces prepotentes que empeoraron las cosas. Durante un tiempo la vida allí se hizo bastante desagradable.

—¿Y eso por qué?

Bobby intervino.

—Ambos grupos empezaron a acusarse mutuamente de estupideces, la mayoría por cosas como quién estaba holgazaneando, y quién arrimaba el hombro.

—¿Y qué pasa con el director de proyecto problemático? ¿Qué es lo que hizo?

—Directora —aclaró Clare—. Nancy Morris. Trató de ignorar la situación. Le decía a todo el mundo que se llevaran bien e hicieran su trabajo. Las cosas no hicieron más que empeorar.

—¿Quién fue despedido? —preguntó Jeff.

—Bueno —Bobby se mostró un tanto avergonzado—, nadie. Cuando los dos capataces se fueron, no pudimos permitirnos perder a nadie más, aunque hubiéramos querido. Fue un auténtico desastre.

Jeff procuró no parecer crítico.

—¿Así que ahora estamos planeando mantener a esa directora de proyecto y esos capataces malísimos?

—Por desgracia, así es —respondió Bobby—. Vamos a necesitar a todas las personas que podamos conseguir.

Jeff ya no pudo ocultar su decepción.

—Bueno, supongo que la cosa del trabajo en equipo que hicimos el año pasado al final no sirvió de nada.

Clare se puso a la defensiva.

—Un momento. Eso no es justo. Bob se tomó el asunto muy en serio, y nosotros también. Él siempre dice que preferiría vender la compañía a tener trabajando en ella a una pandilla de gente egoísta e intrigante.

Bobby asintió.

—Y aquello no se limitó solo a un puñado de camisetas y carteles estúpidos, si te refieres a eso —añadió—. Hicimos los seminarios sobre la confianza, los conflictos saludables y la responsabilidad, aquellos con los que nos ayudaste. Es solo que estábamos muy liados y bajamos la guardia, y no lo trasladamos al resto de la empresa. Quizá fuera culpa mía, porque la mayoría de esas personas trabajaban en mi grupo.

—Y yo también debería haberlo visto antes —reconoció Clare.

A Jeff no le convencieron sus explicaciones, pero procuró no perder la concentración.

—¿Adónde se fueron los dos capataces? Los que se marcharon.

—Están trabajando en una contrata en la otra punta del valle —explicó Bobby—. Construyendo unas viviendas.

—¿Y son realmente buenos? Y si lo son, ¿podemos recuperarlos?

Bobby se encogió de hombros.

—No estoy seguro.

Jeff arrugó la frente.

—¿Te refieres a que no estás seguro de si son buenos?

Bobby negó con la cabeza.

—No, a que no sé si podríamos recuperarlos. En cuanto a si son buenos, supongo que depende de a qué te refieras con lo de bueno.

—Bueno, ¿qué tal desde el punto de vista del trabajo en equipo? —preguntó Jeff, mirando a Clare.

La mujer se encogió de hombros.

—Eso quizá también dependa de a quién le preguntes, aunque creo que eran buenos.

Jeff se quedó bastante preocupado por la falta de claridad de sus colegas, y decidió que él no podía permitirse el lujo de no hacer nada al respecto.

EL MARTILLO

—De acuerdo, si no os importa voy a ser bastante directo al respecto. —Jeff se estaba esforzando en ser educado.

Bobby y Clare se miraron con cierta preocupación en sus semblantes, y asintieron.

—Vosotros y Bob desatendisteis realmente el plan del trabajo en equipo.

Los otros no dijeron nada, así que Jeff prosiguió, centrándose en Bobby.

—Has dicho que el asunto no se limitó únicamente a unos carteles y unas camisetas, pero ¿en qué más consistió? —Antes de que pudieran responderle, continuó—: Porque no dais la impresión de saber a qué os referís cuando habláis de jugadores de equipo. Y por eso es posible que no sepáis quién tiene que cambiar, quién debería quedarse y quién irse.

—No hemos dicho... —intervino Clare para explicarse, pero Jeff la interrumpió.

—Ah, espera. Se me olvidaba. —Jeff era sarcástico, aunque no grosero—. Sí que tenéis una definición clara. Lo que no es admisible es un cretino.

Los otros dos se rieron, aunque con cierto aire culpable.

Al cabo de un momento, Bobby dijo algo sorprendente.

—En realidad, puede que eso sea cierto. Llámalos cretinos o hijos de su madre. En cualquier caso, es así como lo veo.

Jeff sonrió.

—Ciñámonos a los cretinos por el momento, Bueno, ¿cómo sabes si alguien es un cretino? ¿Y cómo evitas contratarlo?

Clare contestó primero.

—Supongo que lo reconoces después de haber trabajado una temporada con uno.

Jeff sacudió la cabeza.

—Sí, pero para entonces ya es demasiado tarde. ¿Y sabes lo que sucede cuando mantienes a un cretino más tiempo del que debieras?

Como no le respondieron, Jeff contestó a la pregunta por ellos.

—Que los no cretinos empiezan a largarse.

Bien podía haberle propinado a Bobby un puñetazo en el estómago, porque la expresión de este fue de dolor.

Mirando a Clare, Bobby afirmó.

—Eso es lo que sucedió con Carl y Pedro.

—Eran los dos capataces que perdimos —le explicó Clare a Jeff—. No conozco a Carl, pero seguro que Pedro no era ningún cretino. Sobre Nancy y algunos del resto del equipo, no estoy demasiado segura.

—Veis el problema, ¿verdad?

Ambos asintieron, y Clare hizo una sugerencia sarcástica.

—Nuestro nuevo eslogan quizá debería ser: «No admitimos cretinos». Sería un cartel fantástico.

Bobby cogió su bolígrafo y empezó a escribir.

—Me ocuparé de ello inmediatamente. ¿Cretinos se escribe junto o separado?

Ignorando el chiste de su compañero, Clare pareció tener una revelación.

—¿Sabes?, siempre nos hemos fiado de Bob para saber quién encajaba y quién no. Tenía un sexto sentido para calar a la gente. Pero ni siquiera él podía acertar con todo el mundo. Y no podía entrevistarlos a todos, ni decidir acerca de todos los candidatos en todos los niveles. Supongo que el sistema falló.

Jeff pareció animarse de pronto.

—Está bien, me parece que es el momento de resolver esto. Tenemos que dejar de contratar a personas que no sean jugadores de equipo. Y tenemos que averiguar cuántas que no lo son siguen trabajando aquí, para hacerlas cambiar o despedirlas.

Guardó silencio y miró sus notas.

—Porque si no somos capaces de hacer eso, no veo la manera de que vayamos a construir un hotel y una nueva ala de un hospital en los próximos dieciocho meses. —Hizo una pausa y tomó aire—. Y por más que deteste decirlo, si no somos capaces de hacerlo, entonces realmente no sé cómo vamos a mantener a CV en funcionamiento.

INVESTIGACIÓN

Jeff decidió regresar a la obra de Oak Ridge, durante la hora de la comida, «para echar un vistazo con otros ojos», como se lo explicó a Clare y a Bobby.

Camino de allí, llamó a su primo Ben.

—Eh, ¿recuerdas que te dije que deberíamos tomar un café la semana que viene? —No esperó a que le respondiera—. ¿Qué tal si en vez de la semana entrante quedamos esta tarde?

—Realmente no puedes vivir sin mí, ¿eh? —bromeó Ben.

—Sabes que no. Y quizá pueda hacerte algunas preguntas.

—¿Sobre la empresa?

—Algo así. Aunque en realidad, no. Te lo explicaré cuando te vea. ¿Te va bien a las tres y media?

—¿Qué tal a las cuatro? Tengo trabajo hasta las cuatro menos cuarto.

—Te veo en el Starbucks. En el que está junto al restaurante A&W cerca de la autopista.

Cuando colgaron, estaba aparcando en el nuevo centro comercial de Oak Ridge. *Me encanta lo cerca que está todo aquí*, pensó.

Puesto que los trabajadores de la construcción empiezan a trabajar antes que la mayoría de la gente, también comen antes. Aunque era poco más del mediodía, todos habían vuelto al trabajo, así que Jeff se dirigió al remolque que alojaba la oficina para ver quién estaba allí. Nancy Morris estaba sentada a la mesa improvisada que había en una esquina del remolque, revolviendo papeles.

—¿Se puede? —la interrumpió Jeff.

Nancy levantó la mirada, pero no dijo nada.

—Hola, soy Jeff.

Ella respondió como si él fuera un proveedor de cemento.

—Sí, lo sé. Nos conocimos en las oficinas. Entra. —Señaló con la mano una silla plegable colocada al otro lado de la mesa, pero no fue capaz de sonreír—. Supongo que debo felicitarte por tu ascenso.

—Bueno, ojalá se hubiera producido en otras circunstancias, pero gracias.

—¿En qué puedo ayudarte? —preguntó Nancy sin ninguna emoción.

—Bueno, me estaba preguntando si serías una cretina.

En realidad Jeff no dijo eso, aunque era lo que estaba pensando. En su lugar, se decantó por un planteamiento más sutil.

—¿Cómo marchan las cosas por aquí?

Nancy siguió rebuscando entre los papeles mientras respondía.

—Bueno, eso depende de a qué te refieras.

Estaba un poco sorprendido por la brusquedad de la mujer, y algo intimidado, de una manera que no había experimentado trabajando en la alta tecnología.

Nancy era atractiva, de su edad aproximadamente y unos treinta centímetros más baja. Sin embargo, Jeff decidió que quizá ella podría ganarle en una pelea. No por su tamaño o fuerza aparente, sino más bien por su actitud, una mezcla de tenacidad y confianza en sí misma.

Jeff supo que no era el momento de mostrarse débil.

—Bien, para empezar, ¿cómo de segura estás de que vayamos a cumplir el nuevo plazo?

—Por lo que a mí respecta, pinta bien, pero tendrás que preguntarle a Craig. Es el otro director de proyecto. Se encarga de las infraestructuras de acceso y comunicación.

—¿Así que no sabes cómo le va a él?

Ella negó con la cabeza.

—En realidad, no. No le he visto mucho últimamente.

Jeff no quería tener esta conversación, pero no podía dejarla pasar.

—Nancy, me parece que tú tendrías que saberlo todo sobre el proyecto completo. Si no cumplimos otro plazo, tanto va a dar qué parte va retrasada.

Nancy levantó la vista y tomó aire.

—Escucha, Craig ni siquiera me invita ya a sus reuniones. Así que me limito a bajar la cabeza, partirme el lomo trabajando y dejar las cosas como están. Realmente quiero que este proyecto esté terminado a tiempo, aunque ha sido bastante espantoso y estaré encantada cuando esté acabado. Lamento si esto te parece mal, pero esa es mi realidad en este momento.

Por una parte, Jeff agradeció su sinceridad. Pero por otra pensó que solo estaba siendo áspera.

—¿Sabes dónde puedo encontrar a Craig?

Ella sacudió la cabeza.

—No. Pero si tuviera que adivinarlo, diría que debe de andar por la entrada principal del aparcamiento. Lo vi allí hace cosa de una hora.

Jeff se marchó sabiendo que tendría que abordar el problema de Nancy en algún momento. Hoy no tenía ganas.

DOS VERSIONES

Jeff conocía a Craig porque sus hijos iban al mismo colegio y los dos se habían tomado un par de cervezas juntos en la Noche Internacional de la parroquia de Santa María unas semanas atrás.

Craig se percató de que Jeff se dirigía hacia él y se separó de los obreros con los que estaba parado cerca de la entrada.

—Vaya, dos visitas en un día —dijo, sonriendo—. ¿Va todo bien?

Jeff se alegró de que Craig pareciera contento de verle.

—Sí, va todo bien. Solo quería saber cómo van las cosas. —De pronto, decidiendo que debía ser más directo, se corrigió—. En realidad, puede que las cosas no vayan tan bien. No lo sé.

Craig pareció preocuparse.

—¿En qué puedo ayudarte?

—Bueno, acabo de hablar con Nancy, y según parece ambos tenéis algún problema. —Antes de que Craig pudiera intervenir, Jeff prosiguió—. Ya sé lo de los capataces que se fueron hace unos meses y todo eso. Bobby me puso al corriente de los detalles básicos. Solo quería saber cuál es tu opinión y por qué tú y Nancy no os lleváis mejor.

Craig frunció el entrecejo.

—¿Hasta qué punto quieres que sea sincero?

—¿Alguien te ha dicho que no lo seas?

—Supongo que no. —Craig sonrió—. Pero podría darte la respuesta políticamente correcta o ir al grano.

—Al grano.

—Vale. Esa mujer —dijo, señalando al remolque del otro extremo del aparcamiento— tiene algunos problemas graves. En fin, sabe lo que se hace a la hora de levantar un edificio, lo admito. Pero no es fácil trabajar con ella. Para nadie.

Jeff se limitaba a escuchar, y Craig prosiguió.

—Culpó a mis muchachos de que los suyos se largaran, pero ella tuvo más culpa que nadie. Sí, fuimos duros con ellos por retrasarse, pero eso se debió en gran parte a que ninguno podía tratar con ella. Lamento decirlo —titubeó antes de terminar la frase— pero es una auténtica arpía.

Jeff no sonrió.

—Craig, no estoy muy seguro de qué significa exactamente «arpía». Sé un poco más concreto.

—Perdona. Me refiero a que enfurece a la gente. La manera que tiene de decir las cosas, los gestos que hace, las caras que pone. Caray, si ni siquiera los proveedores quieren tratar con ella.

—¿Es por eso por lo que no quieres que asista a tus reuniones?

Craig sonrió, pero no de una manera alegre.

—¿Eso te ha dicho ella?

Jeff asintió.

—Nunca le he dicho que no pudiera asistir a nuestras reuniones —se explicó Craig—. Le dije que si iba a acudir para tocarle las narices a todo el mundo, que no viniera. Así que dejó de aparecer.

—¿Y crees que actúa así deliberadamente? —preguntó Jeff, pensando en voz alta.

Craig suspiró.

—No lo sé. Pero alguien al que se le da tan bien hacer que la gente se sienta incómoda, probablemente no lo haga sin intención.

—¿Y qué pasa contigo?

A Craig le desconcertó la pregunta, aunque no se puso a la defensiva.

—¿A qué te refieres?

—¿Qué es lo que haces para que ella se enfurezca?

Craig reflexionó antes de responder.

—No lo sé. Supongo que no tolero muy bien su comportamiento. Y quizá debería haberme sentado con ella para restablecer la relación cuando dejó de asistir a las reuniones.

—Pero has dicho que desde un punto de vista técnico es una buena trabajadora.

—Así es. —Craig se encogió de hombros—. Se le da realmente bien decidir qué es lo que hay que hacer y mantener organizadas las cosas.

—¿Un ego desmedido, entonces?

Craig hizo una mueca y se rascó la cabeza.

—¿Sabes?, por más que sea un grano en el culo, no diría que es una persona egoísta o egocéntrica. Es una cosa rara. Sea consciente o no de ello, es una lata de tía.

Esa frase, *sea consciente o no de ello*, se le quedó grabada.

Aunque estaba igual de confundido que media hora antes, sintió una renacida vitalidad. Era la misma sensación que había tenido cuando era consultor, como la de un detective que tratara de resolver un delito. *Puede que después de todo, esto no esté tan mal*, pensó. Eso esperaba.

CON LUPA

Cuando regresó a la oficina, Jeff encontró a Bobby y Clare en el despacho del primero. Estaban manteniendo una teleconferencia, así que les dijo «venid a mi despacho cuando terminéis» articulando las palabras solo con los labios.

Ambos asintieron, y Jeff se marchó en busca de cualquier cosa que pudiera mejorar su comprensión de los problemas de CV.

Entró en la espaciosa sala de descanso para coger un refresco del frigorífico, y encontró a un grupo de administrativos que almorzaban tarde sentados a una de las grandes mesas redondas. Los había llegado a conocer en el transcurso de sus primeros meses en el trabajo, y decidió sonsacarles toda la información que pudiera.

—¿Os importa si me siento con vosotros?

Ellos le invitaron a que se sumara al grupo.

Jeff abrió su botella y fue directamente al grano.

—Tengo que haceros una pregunta.

Las tres mujeres y los dos hombres accedieron asintiendo con un gesto.

—¿Qué opináis de cómo se efectúan las contrataciones en la empresa?

Una de las mujeres de la mesa, Kim, que trabajaba de recepcionista de la oficina y hacía algunos trabajos administrativos para Clare en recursos humanos, le pidió que fuera más concreto.

—¿Te refieres al proceso?

Jeff se encogió de hombros.

—Al proceso, a la eficacia, a la calidad general. A todo.

Jeff se percató entonces de que quizá sus interlocutores no querían dañar la reputación de sus superiores, por lo que se mostrarían reacios a ser sinceros.

—No se trata de una caza de brujas ni nada que se le parezca. Estoy trabajando con Clare y Bobby para resolver algunas cosas. Queremos ser lo más abiertos y claros posible, así que no os cortéis.

Cody, del departamento financiero, fue el primero en hablar.

—Creo que de todos soy el que menos tiempo lleva aquí. —Paseó la mirada alrededor de la mesa y los demás asintieron para confirmar su afirmación—. Así que probablemente sea el que tenga una idea más clara del proceso desde la perspectiva de un recién contratado. Y me parece que fue bastante bueno.

—¿A qué te refieres con «bastante bueno»? —preguntó Jeff.

—Bien, todos fueron amables y profesionales. Desde luego, eso hizo que quisiera trabajar aquí.

—¿Y qué hay de las preguntas que te hicieron en las entrevistas?

Cody tuvo que hacer memoria.

—Fueron preguntas corrientes. Sobre mis antecedentes laborales. Y cuáles eran mis virtudes y mis puntos débiles.

—¿Y alguna en relación con la integración en la cultura? ¿O sobre la actitud?

Cody pareció tener una pequeña revelación.

—Sí, casi me olvido. Algunos entrevistadores quisieron saber si valoraba el trabajo en equipo.

—¿Qué te preguntaron?

Cody frunció el ceño, tratando de recordar.

—Creo que querían saber si yo era capaz de ser sincero y vulnerable.

Kim intervino.

—Yo ayudé a organizar las carpetas de las contrataciones. Se supone que los entrevistadores tienen que preguntar sobre la confianza y si a la gente se le da bien tener conflictos saludables, y algunas cosas más.

Entonces Cody recordó algo.

—Sí, y querían saber si era una persona que se centraba en los resultados. Y si tenía experiencia en resolver asuntos difíciles.

Jeff estaba un poco más impresionado de lo que había esperado, y tomó nota de felicitar a Clare y a Bobby. Podría hacerlo antes de lo que pensaba, porque en ese momento los dos directivos entraron en la sala de descanso.

—Estás aquí —exclamó Bobby—. Fuimos a tu despacho y no te encontramos.

—Perdonad. Trataba de hacer algunas averiguaciones a vuestras espaldas sobre las contrataciones.

Las personas que estaban a la mesa se echaron a reír con cierto nerviosismo.

—Confío en que no me hayas apuñalado por la espalda —le dijo Clare a Kim.

Jeff contestó por la interpelada.

—En absoluto. Me acaba de contar que rara vez estás en el despacho, y que ellos hacen todo el trabajo administrativo.

Kim, que tenía más agallas de lo que su puesto en la empresa podría sugerir, arrojó una servilleta arrugada a Jeff.

—Eso no es verdad.

Clare sonrió y dirigió su pregunta a Jeff.

—Bueno, ¿de qué te has enterado?

—Bien, según parece, habéis hecho algo más sobre el asunto del trabajo en equipo que los carteles y las camisetas.

Cody fingió estar molesto.

—Eh, a mí no me dieron ningún cartel sobre el trabajo en equipo. Tenía la esperanza de tener uno con la imagen de unas personas remando en un bote.

Bobby añadió.

—O de un grupo de personas formando un círculo con las manos unidas en el centro.

Jeff se dio cuenta de que el sarcasmo en la empresa iba más allá del nivel de los ejecutivos.

Clare insistió un poco más.

—¿Qué más has averiguado?

Jeff dudó, pues no quería decir nada delante de los empleados que pudiera antojarse demasiado crítico. Decidió arriesgarse.

—Bueno, por mucho que queramos ser una empresa de equipo y contratemos a gente apta para trabajar en grupo, me parece que no sabemos qué es lo que significa eso. Me parece que estamos actuando a tontas y a locas.

Para demostrar lo que quería decir, se volvió hacia Cody.

—¿Qué les dijiste en tu entrevista cuando te preguntaron sobre la confianza y el conflicto?

Cody se encogió de hombros y sonrió, casi con aire culpable.

—Bueno, supongo que les dije que soy digno de confianza y que no me importa mantener un debate.

Jeff asintió, y entonces hizo una pregunta retórica.

—¿Crees que hay alguien que diga alguna vez: «Ahora que lo preguntas, tengo que decir que no soy de fiar, soy incapaz de admitir mis equivocaciones y tengo problemas para contener mi ira»?

Todos se echaron a reír.

—Ah, y además soy un asesino en serie —añadió Bobby, provocando más risas.

—Bien, pero no se trata solo de lo que dicen los candidatos —explicó Clare—. Se trata de cómo lo dicen y cómo se comportan durante la entrevista.

Jeff no quería ser demasiado duro o desagradable.

—Tienes razón, Clare. Eso lo entiendo. Lo que pasa es que no sé si realmente sabemos qué es lo que estamos buscando. ¿Cuáles son los buenos indicadores de que los candidatos son capaces de observar las cinco conductas en las que estuvimos trabajando?

Clare asintió y se encogió de hombros simultáneamente, de una manera que sugería que podría darle la razón.

Jeff le dio las gracias al grupo por su tiempo y puntos de vista, y luego condujo a Bobby y a Clare al «despacho de Bob», como seguía llamándolo.

TERCERA PARTE
El descubrimiento

CLARIDAD

Jeff empezó antes de que ninguno se sentara.

—Estoy convencido de que este asunto del trabajo en equipo es crucial para la contratación y todo lo demás.

Bobby fue el primero en expresar su opinión.

—Estoy de acuerdo. Tenemos que hacer que nuestros encargados de la contratación de personal actúen de inmediato.

—Espera un segundo. —Jeff se sentó y puso los pies encima de la mesa—. Me parece que contratar a ochenta personas va a ser mucho mas difícil de lo que pensamos. —Antes de que Clare pudiera confirmar o desmentir su afirmación, continuó—. En fin, ¿a cuántos contratamos el año pasado? ¿A veinte?

Clare le corrigió.

—Casi a treinta.

—Exacto —aclaró Jeff—. A treinta para conseguir veinte, a causa de la rotación.

Clare asintió.

Jeff le dirigió a ella la siguiente pregunta.

—De acuerdo, si nos hace falta más del doble de ese número de contrataciones, ¿crees que lo haremos mejor o peor para encontrar al tipo adecuado de personas para trabajar en equipo?

Ella reflexionó sobre la pregunta durante un instante.

—Bueno, por lógica no vamos a hacerlo mejor. Tenemos que contratar a más gente y con menos tiempo para ello. Aunque quiera ser optimista, creo que seguramente va a ser un poco más difícil.

Bobby indicó con un gesto que comprendía el planteamiento.

Jeff prosiguió.

—Y eso significa que seguramente tendremos que contratar a noventa o a cien para conseguir sesenta, ¿no es así?

Los otros no estaban dispuestos a admitirlo.

—Vamos, chicos. Es pura lógica.

Clare se dio por vencida con un suspiro.

—Supongo que es lógico.

—Bien, tal vez debamos cambiar el nivel de exigencia un poco —propuso Bobby—. Puede que tengamos que ser un poco menos selectivos. Seguramente no podamos permitirnos saltarnos o deshacernos de las personas que no trabajen bien con los demás.

Clare negó con la cabeza.

—Por ningún motivo. Si hacemos eso, solo conseguiremos el mismo tipo de problemas que hemos tenido en Oak Ridge. Y en la rehabilitación del colegio.

Jeff frunció el ceño.

—¿Qué rehabilitación de colegio?

Bobby suspiró y se lo explicó.

—Hace dos años realizamos la ampliación y remodelación de un instituto en Calistoga. Parecía pequeño, pero en realidad fue un trabajo considerable. Fuera como fuese, a mitad de obra perdimos a nuestro mejor ingeniero porque Bob no nos dejó despedir al peor que teníamos.

—Espera —dijo Jeff—, creí que habíais dicho que Bob no toleraba a los que no sabían trabajar en equipo.

Clare miró a Bobby como diciendo: *¿Deberíamos contárselo?*

—Bueno, eso no lo toleraba en la mayoría de los empleados. Pero a veces, cuando se trataba de personas que le daban pena o que conocía personalmente, se ponía en plan blandengue. Siempre decía que a veces le costaba apretar el gatillo.

—¿Y cómo se resolvió la situación del instituto? —quiso saber Jeff.

Bobby respondió con indignación.

—El ingeniero bueno montó su pequeña empresa. Y yo tuve que sudar la gota gorda para contrarrestar su marcha, y eso no fue ni la mitad de malo que tener que trabajar con el ingeniero cretino.

—¿Y la moraleja es...? —preguntó Jeff.

Bobby puso los ojos en blanco.

—Lo sé. Lo sé.

—No. Dilo en voz alta, Bobby Brady —le presionó Clare, medio en broma, medio en serio.

Con voz cantarina, más propia de un niño de siete años de que un director de operaciones de una empresa constructora valorada en setenta y cinco millones de dólares, Bobby obedeció.

—Conservar a los cretinos es una mala idea.

Jeff quitó los pies de encima de la mesa y se irguió en su silla.

—¿Sabéis?, sigo pensando que si pudiéramos resolver la manera de quitarnos de encima a la mayoría de los cretinos, las cosas aquí cambiarían exponencialmente.

—Pero entonces tendríamos que contratar todavía a más personas para que ocuparan los puestos de los cretinos de los que nos deshagamos —le recordó Clare.

Jeff negó con la cabeza.

—No lo veo así, Clare. Apostaría mi empleo a que podríamos hacer más con menos gente si contamos con personas que fueran verdaderos jugadores de equipo.

Guardó silencio y dejó que ambos reflexionaran sobre el asunto unos segundos.

—Pensad en lo fácil que sería hacer realidad todo ese tema de los equipos del que hablamos el año pasado. Confianza, conflicto, compromiso y todo lo demás.

—Pero ¿cómo vamos a conseguir eso cuando tenemos el doble de trabajo que hacer? —protestó Bobby—. Los seminarios sobre la creación de equipos no son seminarios sobre construcción de hoteles.

—Tonterías —replicó Jeff—. No estamos hablando de abrazarnos ni de agarrarnos de las manos ni de cogernos cuando nos caemos de las sillas. Hablamos de conseguir que la gente reconozca cuándo comete un error en un proyecto. Y de discutir la manera correcta de hacer las cosas sin que nadie tenga que preocuparse de que vaya a ofender a alguien. Y de ceñirse a los compromisos y exigirse mutuamente responsabilidades. Tenemos que enseñarle eso a todo el mundo.

Jeff se estaba animando y continuó.

—Vamos, Bobby. El año pasado, cuando os impartí el curso de trabajo en equipo, ¿crees que no fueron más que un montón de tonterías?

Bobby hizo un gesto de negación.

—No. A mí me pareció que todo tenía sentido.

—Entonces, ¿qué pasó? —preguntó Clare retóricamente.

—Eso es lo que os iba a preguntar —añadió Jeff.

Clare y Bobby se miraron.

—Creo que nos distrajimos intentando apagar todos los fuegos diarios —afirmó Bobby.

Clare asintió.

Jeff prosiguió.

—Estoy seguro de que eso es verdad. Pero tengo la impresión de que también mantuvisteis aquí a algunas personas clave que no encajaban con la cultura. —Hizo una pausa para llamar la atención—. Y supongo que tampoco las excluisteis del proceso de contratación.

De pronto, Clare puso unos ojos como platos.

—Vaya, mierda. —Miró a Bobby—. Dejamos que los cretinos contrataran a más cretinos.

Los dos se quedaron allí sentados un instante, digiriendo las implicaciones de lo que ella había dicho.

—Tengo una pregunta. —Bobby no esperó a que se le invitara a hablar—. ¿Por qué un hombre de equipo como Bob tendría reparos cuando se trata de deshacerse de las personas que no son jugadores de equipo?

Jeff ni lo dudó.

—Porque pensaba que estaba siendo bueno. Si se hubiera dado cuenta de la crueldad que suponía mantener a esas personas, habría apretado el gatillo.

—¿Crueldad? —Bobby no lo entendió.

—Sí. Piénsalo —dijo Jeff—. La mayor parte de la gente infeliz de una empresa es aquella que no encaja en la cultura y a la que se le permite quedarse. Sabe que su lugar no está ahí. En su fuero interno, no quieren estar ahí. Y son desgraciados.

—¿Así que estás diciendo que deberíamos despedir a todos los cretinos? —contestó Clare—. Eso también parece cruel.

Jeff sacudió la cabeza.

—No. No se puede ir y despedir a un montón de gente. Pero cuando resuelves quiénes son los cretinos, les dices que la única manera de que puedan quedarse, la única manera en que deberían querer quedarse, es dejar de ser unos cretinos. O dicho de una manera más constructiva, que sean capaces de trabajar en equipo. El noventa y nueve por ciento de las veces harán una de estas dos cosas: cambiarán su conducta y te querrán por conseguirlo o bien optarán por no colaborar y se sentirán aliviados.

—¿Y qué pasa si no hacen ninguna de las dos? —preguntó Bobby.

—Bueno, entonces es cuando llamas a Clare y a un abogado y empiezas a hacer el papeleo. Pero creedme: eso no sucede con tanta frecuencia como creéis siempre que no les deis por perdidos por su conducta.

Bobby y Clare parecían estar de acuerdo en términos generales con lo que Jeff estaba diciendo. Aunque ella se sentía desbordada por todo el asunto.

—Entonces, ¿por dónde deberíamos empezar? —quiso saber.

Jeff sonrió, animado por la claridad que estaban alcanzando.

—En primer lugar, vamos a decidir la manera de identificar a los jugadores de equipo, a la clase de persona que puede fácilmente generar confianza, participar en un conflicto saludable, asumir verdaderos compromisos, exigir responsabilidades a la gente y centrarse en los resultados del equipo. Luego, dejamos de contratar a los que no son jugadores de equipo. Y por último, ayudamos a las personas que se comportan como cretinos a cambiar de actitud o a irse a otras empresas.

Se calló, y dirigió la vista hacia un gran calendario colgado de la pared.

—Y tenemos que hacer todo eso durante las cuatro próximas semanas. —Jeff se dio cuenta de su desliz y miró a Bobby—. Quiero decir un mes.

Bobby se rió y miró a Clare.

—Participo si participas.

—¿Tenemos elección? —respondió ella.

De pronto, Bobby tuvo una revelación.

—Eh, ¿y qué pasaría si nosotros *fuéramos* unos cretinos?

Jeff sonrió.

—Ese es un fantástico punto de partida.

AUTOEVALUACIÓN

Jeff decidió que no había tiempo que perder.

—De acuerdo, estoy bastante seguro de que vosotros no sois unos cretinos. Y yo tampoco espero serlo. Y si lo fuéramos, entonces estamos jodidos igualmente.

Los tres rieron.

—Pero puesto que somos los responsables de todo esto, averigüemos qué es lo que tenemos en común y en qué conectamos con Bob. Seguramente encontraremos algo relacionado con la cuestión de los equipos.

Empezaron a mirarse unos a otros, como si las respuestas pudieran aparecer de pronto en sus frentes.

Jeff quiso estimularlos haciendo más preguntas.

—¿Qué fue lo que os llevó a pensar que este sería un buen sitio para trabajar? Recordad vuestras entrevistas con Bob. ¿En qué cosas fue diferente o mejor en su puesto que otras personas que hubierais conocido en vuestras trayectorias profesionales?

Bobby habló primero.

—Bueno, sé que esto no será de ninguna ayuda, pero sin duda él no era un cretino.

Jeff suspiró.

—Bien, pero ¿qué es lo que visteis en él para excluirlo del club de los cretinos?

—Para empezar, no se tomaba a sí mismo demasiado en serio —aclaró Clare—. Bob siempre estaba bromeando, pero más que nada sobre sí mismo.

Bobby intervino entonces.

—¿Sabes?, me acuerdo del día que decidí que realmente me gustaba Bob. Quizá fuera al tercer o cuarto día de trabajo, y estábamos en las instalaciones de Trinity Vineyards construyendo su centro de visitas. Bob estuvo fantástico tratando con el cliente, un ricachón que estaba sumamente preocupado por si los mojones de piedra del camino de entrada procedían de la Toscana o de Calabria, o algún otro problema de tío rico.

Bobby hizo una pausa, rememorando el momento en su cabeza.

—Bob se mostró verdaderamente paciente con aquel sujeto. Más de lo que me habría mostrado yo. Pero entonces, tan pronto como el tipo se alejó en su Range Rover, empezó a hablarle a la gente que estaba preparando los arriates para los macizos de flores. Estas personas no eran arquitectos o ingenieros, ni siquiera carpinteros, sino peones y en general obreros no cualificados.

Por un momento, pareció que se estaba poniendo sentimental.

—Y utilizó el mismo tono de voz y la misma mirada y el mismo interés en lo que ellos le decían que con el cliente del Range Rover. Y aquellos tipos se dieron cuenta, y sé que se quedaron tan impresionados como yo. Recuerdo que pensé: «Ojalá yo fuera como él».

—Así es Bob —confirmó Clare con cierta nostalgia—. Puede que sea la persona menos pretenciosa que conozca. Incluso ligeramente campechano.

Jeff siguió insistiendo.

—¿Y diríais que vosotros encajáis en esa descripción?

—No tanto como él —se apresuró a responder Bobby.

—Pero ¿comparados con otras personas como vosotros? —insistió Jeff—. ¿Con otros ejecutivos del sector?

Clare dirigió su respuesta a Bobby.

—Creo que tú te pareces más a Bob de lo que crees.

—Ahora soy más de esa manera gracias a él.

Clare se sorprendió.

—¿No has sido siempre así?

—La verdad es que no. Vaya, sin duda mi padre me habría dado una patada en el culo si me hubiera comportado como un maleducado con la gente solo porque no hubiera ido a la universidad o tuviera menos dinero que nosotros. Pero no fue hasta que llegué aquí cuando asumí esa mentalidad. Caray, en algunos de los sitios donde trabajé, era perjudicial para tu carrera si te comportabas como Bob. ¿Os lo podéis creer?

—Deberías trabajar en Silicon Valley. —Jeff soltó un suspiro—. Allí hay muchísima gente preocupada por tener conciencia social o ser respetuosa con el medio ambiente, pero no dedican ni un segundo a pensar en cómo tratan al tipo que les lava el coche o les corta el césped.

—Lo cual me recuerda —terció Clare— que tenemos que ayudar a tu tía a encontrar a alguien que le corte el césped de casa. Bob lleva haciéndolo desde que compró esa casa. No va a renunciar a eso fácilmente.

Jeff asintió.

—Llamaré a tía Karen esta noche para hablar de eso. O quizá se lo diga a Ben esta tarde cuando le vea.

Bobby sintió curiosidad.

—¿De qué vas a hablar con Ben?

—De lo mismo que estamos hablando ahora. Quiero saber qué busca él en los jugadores de un equipo.

—¿No te parece que entre los jugadores de baloncesto de instituto y los trabajadores de la construcción puede haber alguna pequeña diferencia? —preguntó Clare en voz alta.

—Por supuesto que sí. Pero creo que tienen algo en común, y el hijo de Bob puede ayudarme a entender la forma de pensar de su padre.

—Podrías preguntarle a Bob sin más —sugirió Bobby.

Jeff discrepó.

—No. En primer lugar, no quiero preocuparlo haciéndole creer que ya necesitamos su ayuda. Bastante tiene en que pensar con su operación de la semana que viene. Y aparte de eso, si Bob tuviera las ideas claras en cuanto a las cualidades de los miembros de un equipo, a estas alturas ya lo sabríamos. Me parece que tiene tantas dudas como nosotros. O puede que solo esté igual de «desconcertado».

Todos estaban de acuerdo. Jeff confiaba en que el hijo de Bob le aportara un nuevo punto de vista.

BEN, EL ENTRENADOR

Jeff localizó a Ben sin dificultad en la parte de atrás del Starbucks, porque le sacaba una cabeza a los adolescentes de las mesas circundantes. Ya había comprado algún tipo de bebida para su primo, así que no tendría que ponerse a la cola e intentar recordar si *venti* significaba mediano o grande.

En cuanto lo vio, Ben se levantó y se abrazaron como se abrazan los primos.

—Gracias por reunirte conmigo con tan poca antelación —empezó Jeff.

—Eh, me tomaría un café contigo todos los días, si pudiera. Estoy muy contento de que vivas aquí.

—Yo también. Creo. —Jeff se rió.

—¿Lo crees?

—No. Me encanta. Y a Maurine también. Y a los niños parece que les gusta tener una casa y un patio más grandes. Pero estoy un poco más preocupado por el trabajo de lo que había supuesto.

—Vaya hombre. Cuéntame.

Jeff le informó sobre el atolladero del hospital y el hotel y la falta de liquidez, de lo que Ben no tenía ninguna noticia.

—Estás completamente en la inopia en lo que se refiere a la empresa, ¿no es así? —se burló Jeff.

—Mira, papá intentó que me interesara por el negocio. Creo que cuando por fin se dio cuenta de que yo no estaba hecho para eso, dejó de decírmelo a todas horas. —Hizo una pausa—. Pero sé lo suficiente para darme cuenta de que sin duda tienes un problema entre manos. Y estoy absolutamente seguro de que mis conocimientos sobre la historia de Estados Unidos, la presión en toda la cancha y el fútbol no te serán de ninguna utilidad en absoluto.

Jeff sonrió.

—No lo sé. Hay una cosa con la que quizá podrías ayudar. Y es algo importante.

Ben estaba intrigado.

—¿De verdad?

—Sí. Necesitamos ayuda con el trabajo en equipo.

—¿Estás de broma? Esa presentación que hiciste para mi padre el año pasado era mejor que todo lo que tengo. La he estado utilizando con mis jugadores, enseñándoles la manera de admitir sus errores y a pedirse mutuamente responsabilidades. No sé qué podría añadir yo.

—No busco ninguna teoría sobre cómo hacer que funcionen los equipos. Solo quiero saber cómo reconoces qué muchachos de tu equipo son más aptos para el trabajo en equipo que otros.

Ben pensó en la pregunta.

—No sé. Vaya, no tengo mucho donde escoger. Somos un colegio pequeño y normalmente debo apañarme con lo que tengo.

—Pero a menudo derrotas a equipos de colegios más grandes, ¿no es así?

—Sí. Eso es porque jugamos como una unidad. Nada de estrellas; nada de divos. Pero, a mi modo de ver, eso tiene que ver más con el sistema que con los chicos. Como he dicho, no tengo muchos jugadores donde elegir.

—Pero si los tuvieras, ¿qué buscarías? ¿Cómo evitarías a los divos?

Ben suspiró, pensando una vez más en la pregunta.

—No lo sé.

—Bien. Considéralo de otra manera. Imagina que entrenaras a nivel universitario. ¿A qué tipo de chicos reclutarías? ¿Y a cuáles evitarías?

—Reclutaría a los altos y descartaría a los bajos —dijo Ben, riéndose.

Jeff insistió.

—No hablas en serio.

—Vale, no. Estoy de broma. En fin, ahora mismo daría la pierna izquierda por un chico de más de uno noventa y cinco. Pero dado que todo el mundo necesita altura y velocidad y todas esas cosas, estoy seguro de que hay otras cualidades, probablemente relacionadas con el carácter, que querría.

—¿Como cuáles?

—Bueno —era evidente que estaba pensando en voz alta—, probablemente alguien que tuviera ganas de entrenar. Me encantan las ratas de gimnasio, pero no solo los que se pasan todo el día jugando uno contra uno. Me gustan los chicos que llegan pronto y se ejercitan más que nadie. Y que ven películas aunque no tengan que hacerlo. —Hizo una pausa antes de añadir—: Y que detestan perder.

—¿Malos perdedores?

Ben negó con la cabeza.

—No, no, en absoluto. Hablo de la clase de muchacho que viene a entrenar con la idea de esforzarse al máximo para evitar perder. Entrenarlos es fácil.

Jeff sacó su bloc de notas y escribió algo.

Ben sintió curiosidad.

—Bueno, ¿con quién más has hablado y qué has descubierto hasta el momento?

—Básicamente, tú eres el primero.

Ben abrió los ojos.

—Caray, debo de ser especial.

Jeff se rió.

—Sin duda que lo eres. Y sabía que podía contar contigo para que me invitaras a un café de cinco dólares.

—Es un caramelo macchiato, descafeinado y con leche desnatada. Y no lo compré yo. Lo cargué a la tarjeta de crédito de Construcciones Valley.

—¿Tienes una tarjeta de crédito de la empresa? —Jeff ni siquiera trató de disimular su sorpresa.

Ben se rió.

—No, idiota. ¿Te crees que papá le da carta blanca a todos los miembros de la familia para que gasten el dinero de la empresa? ¿Es que no conoces a mi padre?

Jeff se sintió aliviado.

—Sí, sí que lo conozco. Y a propósito, tenemos que encontrarle un jardinero. Él no debería cortar el césped durante una temporada.

—Sí, ya he hablado hoy de eso con mamá. A mi padre no va a gustarle.

—Ya que hablamos de tu padre, ayúdame a entenderlo.

—¿A qué te refieres?

—¿Qué piensa del trabajo en equipo? —planteó Jeff.

—De nuevo pienso que tú deberías saberlo mejor que yo, teniendo en cuenta el programa que le preparaste. Lo único que puedo decir es que papá siempre decía que no hay nada más importante que el trabajo en equipo. Tenía esa increíble intuición y parecía que siempre sabía quién la tenía y quién no.

—¿Puedes contarme algo de cuando erais niños que te dé una idea de lo que él considera que hace a alguien ser un jugador de equipo? ¿O solo una buena persona?

Ben se rió.

—Caray. Hoy estás lleno de preguntas profundas, ¿no? —Meditó unos segundos sobre lo planteado—. ¿Sabes?, mi padre fue mi entrenador de distintos deportes, y lo único que recuerdo es que jamás tenía mucha paciencia con los niños que le daban coba.

—¿Qué es lo que quieres decir?

—Puede que esa no sea la palabra adecuada. No le gustaban los niños que lo trataban de manera distinta a como trataban a los demás. O que se portaban mal con los jugadores patosos.

A Jeff pareció satisfacerle la explicación, pero de pronto Ben tuvo una pequeña revelación.

—Ah, y no soportaba a los chicos de su equipo que se preocupaban demasiado de sus propias estadísticas o de cuánto tiempo jugaban. En una ocasión, dejó en el banquillo todo un partido a uno de sus mejores jugadores de diez años porque era un chupón y quería ser el máximo anotador del equipo.

—¿Y cómo reaccionó el niño? O mejor aún: ¿cómo reaccionaron sus padres?

—A mamá le pareció una buena idea. Pero yo estaba furioso.

Jeff se rió.

—Pero aprendí la lección.

Los primos dedicaron los siguientes cuarenta y cinco minutos a hablar de las vacaciones y reuniones familiares de su infancia, hasta que Ben tuvo que marcharse para el entrenamiento.

—Jeff, me alegro muchísimo de que estés aquí. A papá le gusta restar importancia a las cosas con humor, pero creo que comprendes lo que significa esta empresa para él y para todos nosotros.

Ben dijo estas palabras de corazón, y Jeff se dio cuenta de que no trataba de presionarle con ellas, aunque eso fue lo que consiguió.

Se abrazaron, y Ben se marchó.

Jeff se quedó otros diez minutos, añadiendo más notas a su libreta. Cuando estaba a punto de marcharse, se encontró dividido entre dos emociones contrapuestas: cierto alivio por estar haciendo progresos, y decepción porque todo lo que oía parecía demasiado evidente. Decidió que tenía que buscar con más ahínco.

LA AUTOPSIA

Los dos siguientes días se fueron principalmente en atender emergencias y poner orden en Oak Ridge, además de en planificar los nuevos proyectos, especialmente el del hospital. Durante ese tiempo, Jeff llegó a meterse tanto en el negocio que casi no dedicó ninguna energía mental a pensar en el trabajo en equipo y la contratación, algo que le sorprendió dada la magnitud del asunto y lo obsesionado que parecía solo cuarenta y ocho horas antes. Empezó a ser consciente de hasta qué punto las exigencias tangibles y urgentes de la construcción podían desplazar a asuntos más importantes. Aunque estaba decidido a no dejar que eso le ocurriera a él.

Así que, cuando ya se marchaban, después de mantener una reunión con el urbanista de Napa, Jeff le pidió a Clare que confeccionara una lista de todos los antiguos empleados que CV había dejado marchar en los últimos años y de cualquiera de los actuales sobre los que ella tuviera dudas.

—Te la tendré preparada para mañana por la mañana —le aseguró la jefa de personal.

Luego le pidió a Bobby y a Clare que cancelaran sus citas para la tarde siguiente, algo a lo que el primero se opuso pero en lo que Jeff insistió.

Cuando llegaron al despacho de Bob, Jeff había anotado los nombres de veintitrés personas de la lista de Clare en la pizarra.

—Repasemos estos nombres uno a uno y tratemos de averiguar cualquier denominador común que pueda ayudarnos a descubrir qué señales de peligro deberíamos buscar.

—¿Te refieres a las alertas anticretinos? —bromeó Bobby, para no perder la costumbre.

Clare le llamó la atención.

—Eh, recuerda que algunos de esos empleados siguen trabajando aquí. Tal vez debamos ser un poco más cuidadosos sobre cómo nos referimos a ellos.

—Estás siendo un poco blanda con nosotros, Clare —se burló Bobby—. ¿Es que finalmente lo de los recursos humanos te está afectando?

Ella se rió.

Jeff la apoyó.

—No obstante tiene razón. Tenemos que recordar que no son malas personas. Puede que no sean las indicadas para una cultura que gira en torno al trabajo en equipo, nada más. O quizá han estado dirigidas por un cretino, y solo hacen lo que les parece que les ayudará a salir adelante.

Bobby transigió.

—Buena observación.

—¿Y cómo sabremos la diferencia? —quiso saber Clare.

Jeff tenía la respuesta.

—Bueno, no tenemos que saberlo con certeza.

Clare pareció desconcertada.

—¿Qué?

Jeff se explicó.

—Recordad, tan pronto averigüemos qué es lo que estamos buscando, cuando veamos a alguien que no esté a la altura, solo tenemos que dejarle claro que tiene que cambiar de conducta. Si lo hace, fantástico. Si no lo hace, entonces sabemos que este no es su sitio y le ayudaremos a encontrar otro mejor para trabajar.

Bobby estudió la pizarra.

—¿Por dónde empezamos?

—Por lo más alto de la empresa —respondió Jeff con aplomo—. Si somos capaces de abordar cualquier problema en las esferas más altas, todo lo demás será más fácil.

De buenas a primeras, Clare pareció sumamente entusiasmada con el plan, y sorprendió a ambos hombres cuando dijo:

—Escuchad, chicos. No podemos permitirnos ser unos gallinas con esto. El futuro de la empresa depende de que lo hagamos correctamente.

Y diciendo esto, se acercó a la pizarra y rodeó dos nombres con un círculo: Nancy Morris, la directora de proyecto de la obra de Oak Ridge, y Anthony Benson, el mal ingeniero del proyecto de remodelación del instituto.

Los líderes dedicaron la siguiente hora a diseccionar a Nancy, a Anthony y a las restantes dos docenas de personas de la lista. Examinaron los historiales de su rendimiento y su conducta. Cuando terminaron, tenían una lista de adjetivos previsibles escritos en la pizarra, palabras como «negativo», «perezoso», «insensible», «irresponsable» y «egoísta». Jeff pensaba lo mismo que había pensado la noche anterior.

—Debemos estar pasando algo por alto. Es demasiado evidente —dijo.

—Estoy de acuerdo —confirmó Clare—. No puede ser tan sencillo, ¿verdad?

—Y si lo es —planteó Bobby con su sarcasmo bienintencionado—, entonces, ¿cómo metimos tanto la pata?

—Tal vez estemos demasiado cerca de esas personas —dijo Clare, expresando sus dudas en voz alta.

Jeff repuso.

—Me parece que simplemente no sabemos qué es lo que estamos buscando. —Entonces hizo una sugerencia—: Lo que necesitamos es un estudio de caso. De alguien con quien no estemos tan familiarizados. Alguien al que podamos investigar un poco y con quien podamos poner esto a prueba.

La persona en cuestión se presentaría antes de lo que pudieran haber imaginado.

SUMANDO SE GANA

Jeff dio un rodeo al volver a casa desde el trabajo, un paseo de veinte minutos para pasar junto al hospital y el solar del nuevo hotel. Cuando la magnitud de los proyectos empezaron a abrumarle, marcó el número de Bobby.

—¿Qué sucede, jefe? —La voz de Bobby le llegó con claridad a través de los altavoces del coche.

—Es imposible que podamos hacer esto. —Jeff estaba tranquilo, pero seguro.

—¿A qué te refieres?

—Me refiero al hospital y al hotel.

—Pues claro que podemos hacerlo. Somos buenos en esto.

—No, no me refiero al aspecto de la construcción. Hablo de nosotros. De ti, de mí y de Clare. Vamos a necesitar ayuda. Imagina qué ocurrirá cuando estos proyectos empiecen a animarse. No tendremos tiempo para pensar. El hospital por sí solo nos pondría en un brete.

La línea telefónica enmudeció.

—¿Estás ahí? ¿Te he dejado grogui?

—Estoy aquí —dijo Bobby—. Estaba pensando.

Siguieron algunos segundos más de silencio.

Finalmente, Bobby se decidió a dar su opinión.

—Tienes razón. Yo he tenido la misma idea. Pero cada vez que pienso en incorporar a alguien más a nuestro grupo, concluyo que sería demasiado arriesgado. Demasiado problemático.

—Explícate.

—Bueno, Clare y yo trabajamos como hermanos. Eso es un hecho. Qué diablos, si todavía no nos hemos acostumbrado a ti. Con sinceridad, sigue habiendo una posibilidad de que resultes ser un cretino.

Jeff se rió.

—Así que lo que te preocupa es que incorporemos a la persona equivocada.

—Sí. —Bobby titubeó—. De acuerdo, sé que va a parecer una tontería, pero solo quiero que sea divertido. No quiero ir al trabajo y tener que tratar con alguien que no quiero que esté ahí en medio.

—Eso lo entiendo. —Jeff reflexionó sobre el asunto—. Pero la cuestión es esta: que a nosotros tampoco nos va a gustar estar juntos si no conseguimos más ayuda.

—Lo sé, lo sé. Estoy siendo negativo.

—Entonces, ¿qué vamos a hacer con el tema? —Jeff decidió dejar que a Bobby se le ocurriera una sugerencia.

—Vamos a decirle a Clare que nos encuentre la mejor persona del mundo, la más barata y la más sociable.

—Sí, y que lo haga antes del viernes —añadió Jeff.

—¿Y qué tal el martes?

Ambos se rieron y acordaron hablar de ello después del fin de semana.

Jeff no esperaría tanto.

ATAJOS

Aunque por lo general procuraba no trabajar los fines de semana, Jeff decidió que era el momento de hacer sacrificios.

—Tengo que dar ejemplo. Dentro de seis meses todos los demás trabajarán muchos fines de semana —le explicó a Maurine, que estuvo de acuerdo con él.

Como esperaba, Clare también estuvo conforme, y ambos decidieron reunirse en la oficina poco antes del mediodía.

Mantuvo con ella la misma conversación que había mantenido con Bobby la noche anterior, y aunque Clare se mostró todavía más preocupada por las dinámicas del equipo ejecutivo, llegó rápidamente a la conclusión de que incorporar a otra persona a la cúpula era inevitable.

—Entonces, ¿cómo vamos a ocuparnos de esto? —quiso saber Jeff.

—Bueno, conozco a unos cuantos especialistas en el reclutamiento de ejecutivos de la construcción. Nunca los hemos utilizado, pero podrían ser de ayuda.

Jeff replicó.

—Eso llevará demasiado tiempo. Buscarán por todo el país, o al menos en la Costa Oeste. Y se tardará un mes solo en traerlos aquí para realizar las entrevistas. Tenemos que conocer a gente que conozca a gente.

Clare pensó en ello.

—¿Le has preguntado a Bobby?

—No, los dos decidimos empezar contigo.

—Agradezco el voto de confianza —dijo ella con un asomo de sarcasmo—, pero él tendrá una idea más clara que yo sobre quién está disponible ahí fuera.

—De acuerdo, llamémosle.

Dos minutos después, tenían a Bobby en el manos libres. Jeff fue el primero que tomó la palabra.

—Bueno, he hablado con nuestra dama de recursos humanos sobre la contratación de un nuevo ejecutivo, y no nos sirve. ¿Conoces a alguien por ahí que pueda ayudarnos?

Bobby rió.

—Eh, chicos, ¿estáis celebrando una fiesta sin mí?

—Es una fiesta bárbara —añadió Clare—. Pensé que sabrías mejor que yo con quién hablar. A propósito, el puesto en el que estamos pensando es el de otro vicepresidente de operaciones de campo, ¿de acuerdo?

—Un Bobby subalterno —terció Jeff.

—¡Eso es alarmante! —exclamó Clare—. Aunque suena bien.

Unos minutos después, Bobby se sorprendió cuando se le ocurrió una breve lista de personas que podrían aportar algunas buenas pistas para encontrar candidatos. Y entonces, le vino a la cabeza algo importante.

—Eh, se me acaba de ocurrir algo. ¿Qué tal Ted?

—¿Marchbanks? —preguntó Clare.

—Sí. Podría hacer este trabajo con los ojos cerrados.

—Creía que se había jubilado el año pasado —replicó Clare.

—¿Jubilado? El tío es dos años mayor que yo. Lo más seguro es que esté aburridísimo. Y ahora vive en Sonoma.

Al final, Jeff tuvo que preguntarlo.

—¿Y quién es Ted Marchbanks?

—Dirigía una sucursal de North Bay Construction, una gran empresa son sede en Sausalito —le explicó Clare—. Hace unos cinco años hizo el proyecto del acondicionamiento del río en el centro de la ciudad. Un trabajo gigantesco por el que ni siquiera pujamos, porque en su mayor parte era una obra civil que tenía que ver con el río y unos cuantos puentes, además de algunos edificios. Demasiada burocracia estatal para Bob.

Bobby prosiguió.

—Así que ganó un porrón de dinero y ahora vive cerca de Healdsburg. Le he visto por aquí alguna vez jugando al golf, y de lo único que quería hablar era de cosas del trabajo. Creo que se jubiló demasiado pronto.

Clare estaba convencida.

—Traigámoslo aquí y veamos si podemos convencerlo.

—¿Es la clase de hombre que buscamos? —insistió Jeff.

—Sabe lo que se hace y está disponible —afirmó Bobby.

—Pero ¿qué hay de la cuestión del trabajo en equipo? ¿Es un cretino?

—En cuanto a eso, tengo que someterme a tu opinión, Bobby —terció Clare.

—El tío es un profesional. Con experiencia. Qué diablos, estuvo dos años dirigiendo una obra gigantesca y complicada, y cumplieron bastante bien con el presupuesto y los plazos. No veo que pueda ser un cretino.

Por bien que sonara todo eso, Jeff desde luego quería profundizar algo más.

—¿Cuándo crees que podremos tenerle aquí, Bobby?

—Veré qué puedo hacer.

Bobby no los decepcionaría.

TED

El lunes por la mañana, cuando Jeff estaba sentado en el despacho de Bob respondiendo un correo electrónico, Bobby entró con una gran sonrisa en el rostro. Jeff se sorprendió de verlo.

—¿Cómo van las cosas en Oak Ridge? —le preguntó.

—Por el momento, bien —dijo Bobby.

—¿Por qué sonríes?

—Porque tengo una sorpresa para ti. —Hizo una pausa—. ¿Tienes planes para comer hoy?

Jeff bajó la vista para mirar su teléfono.

—Sí, se supone que me tengo que reunir con...

—Cancélalo.

—¿Cómo?

—Que lo canceles. Adivina quién va a venir a vernos. —Antes de que Jeff pudiera responder, Bobby le dio la noticia—: Ted Marchbanks.

Jeff se recostó en su silla.

—¿Cómo lo has conseguido?

—Llamé a mi amigo del campo de golf de Chimney Rock y me dio el teléfono de Ted. Hablé con él anoche, y resulta que yo tenía razón: está aburrido. Me dijo que sentía curiosidad.

—Esa es una buena noticia. —Jeff sonrió—. ¿Se lo has dicho a Clare?

—Ajá. Está libre. A las doce y cuarto en Maria's.

—¿En Maria's? ¿No crees que quizá debiéramos ir a algún sitio algo... mejor?

—Si él encaja en nuestra cultura, no le va a importar.

—Tienes razón. Nos vemos a las doce y cuarto.

El restaurante estaba medio lleno, lo que para Maria's suponía un día de ajetreo. Jeff llegó pronto y pidió un reservado al fondo. Bobby y Clare entraron al cabo de unos minutos, y se dirigieron a la mesa.

—Llega tarde. No deberíamos contratarle —dijo Jeff con una expresión de extrema gravedad en el rostro.

Bobby pareció sorprenderse.

—Espera un minuto. —Parecía no saber qué decir—. Tal vez solo esté...

Jeff le interrumpió.

—Estoy de broma. Sentaos.

Bobby se rió.

—¿Cuánto tiempo vas a estar haciéndome pagar la broma de la renuncia?

—Mientras estés aquí, amigo mío —respondió él, riéndose—. Mientras estés aquí.

—Muy bien, chicos. Centrémonos un poco. —Clare se sentó en un sitio desde el que podía divisar la puerta—. Bueno, ¿qué es lo que sabemos de Ted?

Bobby no lo dudó.

—Fue directivo de una empresa que era casi cuatro veces más grande que la nuestra. Solo el departamento bajo su mando era tan grande como nosotros. Ha participado en todo tipo de proyectos, desde el diseño y la construcción a la rehabilitación, y sabe encontrar atajos con la burocracia local, que por lo que respecta al proyecto del hospital es un componente importante.

Jeff y Clare estaban claramente impresionados.

—Esperad un momento. —Bobby se frenó—. No podemos contratar a ese tío. Se va a hacer con mi puesto.

Clare se echó a reír y le dio una palmadita en la espalda.

—Siempre tendremos un sitio para ti en CV.

En ese momento, la puerta delantera del restaurante se abrió dejando que entrara un cegador rayo de sol. De entre esa luz salió un hombre que parecía un ángel. La puerta se cerró, y él se volvió a convertir solo en un hombre.

Ataviado con unos buenos vaqueros y una americana, Ted Marchbanks aparentaba diez años menos de los cincuenta y seis que tenía. Tras echar una ojeada por el local, divisó a Bobby y se dirigió hacia la mesa.

Los tres ejecutivos se levantaron para saludarle. Bobby fue el primero en hablar.

—Me alegro de verte, Ted. Gracias por reunirte con nosotros con tan poco margen de tiempo.

Se estrecharon las manos.

—Tu llamada de ayer me sorprendió tanto como me intrigó, y me honra que hayáis pensado en mí.

Se volvió a Clare.

—Creo que ya nos hemos visto antes, Clare.

Ella pareció confundida.

—¿De verdad?

—¿No estuviste en un almuerzo en Novato hace unos años? Un orador impartió una conferencia sobre liderazgo. Estabas con Bob y algunas personas más de tu empresa.

—Es cierto —recordó ella—. La reunión de la Asociación de Constructores de North Bay.

—Si no recuerdo mal —prosiguió Ted— fue un verdadero muermo.

—Sí, sí que lo fue. Era un profesor de una facultad de una prestigiosa universidad de la Costa Este que realmente no consiguió conectar con la gente de la construcción.

Ted cambió de tema.

—A propósito, ¿cómo le va a Bob?

—Está en casa, esperando a que le operen dentro de un par de días —respondió Clare—. Si todo sale según lo previsto, se pondrá bien. Pero no va a regresar al trabajo. De hecho —se volvió a Jeff—, este es nuestro nuevo director general, Jeff Shanley.

Jeff le estrechó la mano a Ted.

—He oído que eres nuevo en el sector, Jeff.

—En efecto.

—Bueno, vas a trabajar con una gente fantástica —dijo, haciendo un gesto hacia Clare y Bobby—, así que lo tendrás fácil para ponerte al día, estoy seguro.

—Estoy de acuerdo —contestó Jeff—. Y quizá tú también puedas ayudarme.

Ted sonrió.

—Bueno, es muy amable por tu parte que digas eso. No sabía que tuviera algo que ofrecer, pero nunca se sabe.

Se sentaron todos a la mesa y durante la siguiente hora y media mantuvieron una agradable conversación informativa en la que trataron de todo, desde el sector y el trabajo a la economía local y las particularidades de la construcción de un ala hospitalaria y un hotel.

Ted estuvo relajado, alegre y atento. Sin duda, no parecía alguien que estuviera preparado para jubilarse.

Clare sintió curiosidad.

—¿Por qué te jubilaste, Ted?

El hombre dudó un instante.

—No lo sé. Supongo que después de lo que hice durante tanto tiempo, me pareció que debía aprovechar el hecho de que me podía permitir jubilarme. Mis hijos son mayores. La casa está pagada. Mi esposa quería viajar más. Simplemente me pareció que era lo adecuado.

—¿Pero? —dijo Jeff, animándole a terminar la historia.

Ted sonrió.

—Bueno, el golf, las antigüedades y los viajes no dan para todo lo que uno puede hacer. La verdad es que me encantaba construir cosas. Me gusta resolver problemas. Supongo que subestimé los beneficios del trabajo en sí.

Clare siguió insistiendo.

—¿Y por qué no volviste a North Bay?

Ted volvió a dudar.

—Por más que disfrutara de la construcción, la empresa estaba creciendo demasiado y se estaba... —hizo una pausa, buscando las palabras adecuadas— burocratizando en exceso. He llegado a la conclusión de que era el momento de realizar un cambio, pero quizá no de retirarme.

—Me parece lógico —afirmó Bobby.

Ted miró su reloj.

—Sin embargo, sigo técnicamente jubilado, y si no vuelvo a casa para ayudar a mi esposa a limpiar el garaje, entonces el aburrimiento será el menor de mis problemas.

Los otros tres se rieron educadamente y le dieron las gracias por su tiempo. Después de que él se marchara, se quedaron para analizar la situación.

REACCIONES

Como siempre, Bobby fue el primero en hablar.

—Contratémosle. Ya.

Ni Jeff ni Clare contestaron.

—Vamos —insistió Bobby—. ¿No es justo lo que estábamos buscando?

—Seguramente —admitió Jeff—. Nos ayudaría en tantos aspectos que es increíble. Ya solo la experiencia que atesora es pasmosa. Y seguro que tendría una cartera de otras personas que podríamos contratar.

Sin embargo, Jeff no parecía tan seguro como pudiera deducirse de sus palabras.

—¿Hay algún problema, entonces? —preguntó Bobby.

—Asegurémonos de que encaja en la cultura —explicó Clare—. ¿Hasta qué punto coincide con nuestros valores?

—Calidad y seguridad son pan comido —respondió Bobby—. North Bay es una fanática de las dos.

Entonces intervino Jeff.

—Así que todo se reduce a si es o no es un jugador de equipo.

—Creo que es bastante evidente que sí —declaró Bobby—. ¿Habéis visto algo que yo no viera?

—No lo sé —dijo Clare con un encogimiento de hombros—. ¿Qué es lo que estamos buscando exactamente?

Jeff estaba disfrutando con la conversación.

—Bueno —respondió Bobby—, sin duda no es un cretino.

Clare volvió a encogerse de hombros, un poco desesperada.

—Así que volvemos a eso. ¿Y qué es exactamente un cretino?

Bobby respiró hondo.

—Bien, ¿qué te parecen las palabras que se nos ocurrieron la semana pasada? «Egoísta.» «Grosero.» «Irresponsable.» Podemos empezar por ahí.

Jeff comenzó a tomar notas.

Clare insistió.

—De acuerdo, pero ¿a qué te refieres exactamente con «grosero»?

—Vamos, Clare. «Grosero.» Un pelmazo. Alguien que molesta a las personas. Que dice estupideces y maldades. Un grosero.

—Ponme un ejemplo de una persona real que sea desagradable. Alguien que conozcamos —le pidió ella.

Bobby solo necesitó un segundo.

—Muy bien, ¿qué te parece Terry Pascal?

Miró a Jeff para explicárselo.

—Era un representante comercial de uno de nuestros proveedores. Nos vendía toda clase de artículos. Desde cubos y escaleras hasta ropa de trabajo y equipamiento, de todo.

Clare fue más allá.

—No era una mala persona. Solo que no tenía ni idea de cuándo se pasaba de la raya. Era arrogante, inoportuno y estúpido.

—¿Y *era* representante comercial de uno de nuestros proveedores? —preguntó Jeff.

—Sí, le dijimos a su empresa que queríamos a otra persona. El nuevo representante era mejor.

Jeff tenía otra pregunta.

—Bueno, ¿tenemos a alguien en CV que encaje en la descripción de Terry?

Los otros dos lo pensaron.

—Vaya —intervino Clare, mirando alrededor para asegurarse de que no hubiera nadie sentado cerca que pudiera oír—, habría que decir que Nancy entra de lleno en esa categoría, ¿no os parece?

Jeff y Bobby asintieron.

—¿Crees que la gente como Nancy y Terry se comportan así deliberadamente? —le planteó Jeff.

—No —respondió Clare con rotundidad—. Sinceramente creo que en lo que se refiere al trato con la gente, los dos solo son... —titubeó, dando la impresión de que se arrepentía de lo que estaba a punto de decir— torpes. No tienen empatía.

Jeff escribió algo en su libreta y entonces añadió.

—Bueno, sin duda Ted sabe ponerse en el lugar del otro. De hecho, diría que es extremadamente empático.

—A mí también me lo parece —aseveró Bobby—. Es por eso que deberíamos contratarle.

—Espera un momento. —Jeff rió entre dientes al oír a su exaltado colega—. Eso no es lo único que hace que alguien sea un buen jugador de equipo.

—¿Y qué es lo demás? —inquirió Clare.

Jeff dudó un instante, mientras ojeaba su libreta.

—No lo sé. Todo lo que he escrito aquí es demasiado evidente.

—¿Como qué? —preguntó Bobby.

—Vaya. —Jeff sacudió la cabeza—. Casi me da vergüenza decíroslo.

Entre risas, Bobby intentó quitarle la libreta.

—Lo miraré yo mismo.

Jeff la apartó.

—Bien. Hasta el momento, después de todas nuestras conversaciones y del análisis de veintitrés personas que dejamos marchar o que quizá deberíamos haber dejado marchar, me parece que hay dos cualidades, puede que tres, si incluimos la que acabamos de tratar.

Cogió el bolígrafo y escribió tres palabras en el mantel de papel para que todos pudieran verlas: «ego», «dedicación» y «gente».

—Todas tienen que ver con no tener un ego desmedido, esforzarse realmente en el trabajo y saber cómo tratar con las personas.

Clare frunció el ceño.

—No utilicemos la palabra «ego». Busca otra palabra.

Jeff se quedó desconcertado, pero entonces se dio cuenta del problema.

—Ah, bien. —Tachó «ego» y escribió «modestia» en su lugar.

Los tres compañeros de equipo permanecieron sentados mirando las palabras que Jeff había escrito. Si hubieran sido los personajes de una tira cómica, les habría salido humo por las orejas a causa de la intensidad con que estaban analizándolas.

—Me sigue pareciendo que esto es demasiado simple —admitió Jeff.

—No, me parece que puede que hayamos dado con algo, aunque sea evidente —saltó Clare—. Volvamos a repasar nuestra lista de personas difíciles y veamos si eso explica estos problemas.

Cuando empezaron a pensar en la cuestión, Jeff miró su reloj.

—Vaya, mierda. Son casi las dos y media. —Miró a Bobby—. Tú y yo tenemos una reunión con los arquitectos del hospital.

—Retomemos esta conversación mañana —propuso Clare.

Así lo acordaron, y Jeff y Bobby le pidieron a Clare que se encargara de pagar la nota para que pudieran irse.

CUARTA PARTE
La ejecución

MALABARISMOS

Al día siguiente la locura en Oak Ridge se había disparado sobrepasando las expectativas de Bobby.

—Nada importante —explicó Bobby—, pero si no paso allí los próximos días con los inspectores, podríamos tener algún pequeño problema.

Así que Clare y Jeff aceptaron posponer la complementaria entrevista formal a Ted para otro día de esa misma semana, lo que les daba más tiempo para pulir su definición de lo que era un jugador de equipo.

Bob fue intervenido al día siguiente, y aunque la gente seguía muy ocupada en la oficina, muchos empleados, preocupados por la situación, estuvieron rezando y llamando a la familia Shanley para conocer las novedades. Cuando se recibió la noticia de que la intervención había sido un éxito y que el pronóstico de Bob era bueno, el alivio en las oficinas de CV fue manifiesto. Por desgracia para los líderes de la empresa, tal alivio duró poco debido a que su angustia simplemente se desplazó hacia el futuro del negocio.

Al día siguiente harían la entrevista a Ted, y Jeff decidió que tenía que reunirse con sus dos lugartenientes inmediatamente para reanudar su charla y arrojar más luz sobre qué caracterizaba a un cretino y en qué consistía ser un jugador de equipo, de manera que pudieran estar preparados para la entrevista. Acordaron comer en la oficina y quedarse todo el tiempo que hiciera falta.

A las seis y media, la comida india estaba encima de la mesa de Bob, y Clare y Jeff esperaban a que Bobby llegara.

—No recuerdo dónde nos quedamos exactamente el otro día, cuando Bobby y yo tuvimos que marcharnos —admitió Jeff.

Clare se lo recordó.

—Íbamos a coger las palabras que escribiste en el mantel y contrastarlas con algunas de las personas difíciles que tenemos.

En ese momento entró Bobby.

—Quieres decir cretinos.

Clare puso los ojos en blanco en plan de broma.

—Exacto —recordó Jeff—. ¿Te acordaste de coger el mantel?

Clare ya estaba sujetando con las manos la reliquia manchada de salsa.

Bobby se dirigió directamente a las fuentes de comida, aunque siguió con la conversación.

—Tengo otro empleado para que lo analicemos: Tommy Burleson.

Clare hizo una mueca.

—Ay, casi me había olvidado de él.

—¿Era un cretino? —preguntó Jeff.

Clare miró a Bobby.

—¿Tú qué piensas?

Bobby reflexionó durante un instante.

—No lo sé. No era un imbécil, eso seguro. Y quizá por eso lo mantuvimos aquí durante dos años antes de pedirle que se largara. Aunque sin duda no era alguien que a uno le conviniera tener en su equipo.

—¿Por qué no? —inquirió Jeff.

—Tommy es una de las personas más decepcionantes con la que haya tenido que tratar en mi vida —declaró Clare—. El tío era divertido, encantador, brillante.

—Suena a pesadilla —comentó Jeff con sarcasmo.

—Esa es la cuestión —replicó Clare—. Por más que fuera un tipo fenomenal, no fuimos capaces de conseguir que tuviera la menor iniciativa.

—¿Te refieres a que no era un buen trabajador? ¿A que era un vago?

Bobby sonrió e hizo una mueca al mismo tiempo.

—Esa era la dificultad con Tommy. Uno no diría que era el clásico vago. El tío hacía todo lo que le pedías que hiciera.

—Y nada más —puntualizó Clare.

Bobby se mostró de acuerdo.

—Hacía lo suficiente para no tener problemas, pero jamás se ocupaba de un proyecto o de un problema con diligencia. Ni con pasión.

Clare añadió.

—Habría sido mucho más fácil si hubiera sido un cretino. O un perezoso. Pero no lo era.

—¿Así que lo que le faltaba era pasión? —les azuzó Jeff, buscando determinar la palabra adecuada.

Bobby volvió a hacer una mueca.

—No. Tommy sentía pasión, eso sin duda, solo que no por el trabajo. Estaba completamente entregado al equipo de softball de la empresa, la pesca con mosca y la Guerra Civil.

Clare intentó precisar la idea.

—Simplemente no tenía hambre.

Jeff escribió algo en su agenda y luego le preguntó a Clare.

—¿A qué te refieres con eso?

—Quiero decir que no era la clase de persona que tuviera una motivación personal o un deseo de hacer algo grande. —Hizo una pausa para reflexionar—. Puede que se debiera a que procedía de un entorno bastante acomodado y que no tenía nada que demostrar. Ni nada que alcanzar. No lo sé.

El bocado que Bobby le había dado al pollo tikka masala no le impidió hablar.

—Es la clase de tipo que sería el mejor vecino del mundo, pero no alguien del que querrías depender. Ni con quien meterte en negocios.

Jeff asentía y miraba su libreta.

—Hambre. Me gusta.

—A mí también —dijo Clare—. Eso es mejor que trabajar mucho. —Se volvió a Bobby—. Y hablando de hambre, ¿vas a esperar a que bendigamos la mesa ante de que engullas todo el naan?

Bobby se disculpó, y todos inclinaron la cabeza.

Minutos más tarde, después de que los tres hubieran llenado sus platos, Jeff se dirigió a la pizarra y escribió «hambre».

—De acuerdo —anunció—. Creo que esta es la palabra adecuada. Tenemos que contratar a personas con hambre. Que vayan más allá de lo que se les pida. Que sientan pasión por el trabajo que hacen. Que tengan hambre.

Los otros asintieron, y Jeff continuó.

—Y además está el otro concepto del que hablamos ayer después de que Ted se marchara.

Clare levantó el mantel.

—Gente. Tenía que ver con la empatía.

Jeff escribió «empatía» en la pizarra.

—Vale. Y Ted domina esa habilidad.

—Eso de habilidad... —objetó Bobby—. Parece que estés hablando de inteligencia.

—Creo que por eso me gusta —dijo Clare—. No es la típica descripción que harías de un «tío encantador». Tiene que ver más con la inteligencia emocional, pero es algo más sencillo. Solo significa que una persona tiene que saber cómo actuar, qué decir y qué callarse. Ponerse en el lugar del otro.

—Y me parece que llamar a esa virtud empatía hará que todos lo consideremos de una manera diferente —convino Jeff—. No suena a algo blando o fácil.

Bobby no acababa de estar convencido.

—Pero uno no puede ser un cretino si es empático. Suena como si debiera ser lo único que importa.

Jeff reflexionó y mostró su disconformidad.

—No estoy de acuerdo. Una persona empática podría ser un cretino. De hecho, esa sería la peor especie de cretino.

—Explica eso —pidió Clare.

—Bueno, a uno se le podría dar realmente bien saber qué es lo que hay que decir y cómo decirlo y la manera de seducir a todos aquellos con los que trate —respondió Jeff—. Pero si en tu fuero interno lo estuvieras haciendo por ti, por alcanzar lo que ambicionas, eso te convertiría en un cretino artero.

—Utiliza palabras que sepa deletrear, chico empático —bromeó Bobby.

Jeff sonrió.

—Falso. Embustero. Deshonesto.

A Clare pareció encendérsele una bombilla encima de la cabeza.

—Puede que sea ahí donde entre en juego el siguiente concepto.

—¿Qué concepto? —preguntó Bobby.

Clare miró el mantel.

—Bueno, la palabra que escribiste aquí fue «modestia».

Jeff asintió.

—Correcto. Salió de nuestra conversación acerca de Bob. La gente de CV no encaja si es pretenciosa.

—A mi modo de ver «presunción» no es el concepto correcto. —Para sorpresa de todos, fue Bobby el que ahondó en la idea—. O puede que esté equivocado. Me refiero a que las personas pretenciosas son sin duda unas cretinas, pero hay algo más que eso. Lo que hace que alguien destaque aquí, en el mal sentido, es que sean... arrogantes. —Pareció seguro de haber dado con la palabra correcta—. ¿Qué es lo contrario de la arrogancia?

—La humildad —respondió Clare con entusiasmo—. Los cretinos no son humildes.

—Eso es —dijo Bobby—. Y sin duda, así es como es Bob.

Jeff dibujó tres círculos en la pizarra, creando una especie de diagrama de Venn. Entonces escribió las palabras «humildad», «hambre» y «empatía» junto a los círculos.

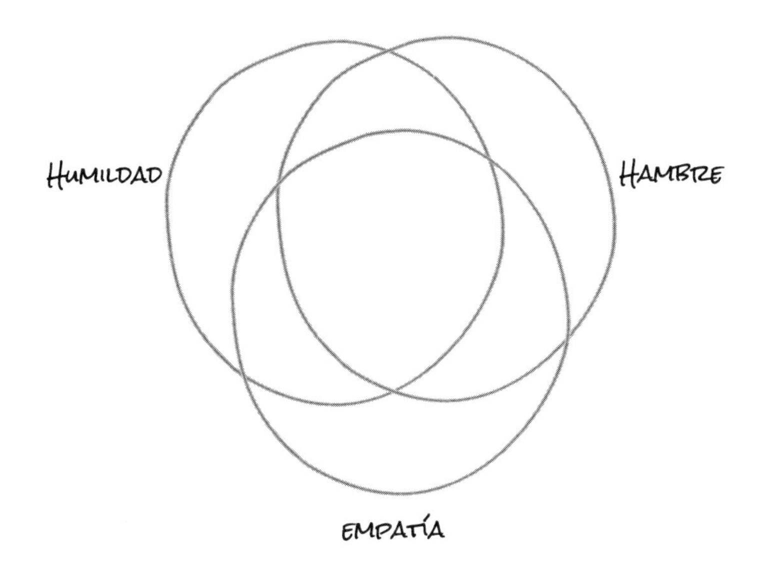

Luego, volvió a dar cuenta de la comida, y los tres ejecutivos comieron mientras analizaban el diagrama.

Las siguientes dos horas las emplearon en escoger un empleado tras otro: algunos que eran difíciles; otros, primeras figuras, y algunos más, a medio camino de ambas categorías. Después los evaluaron aplicándoles las tres nuevas palabras, situándolos en los círculos a los que pertenecían.

Todas las primeras figuras respondían con holgura a las altísimas exigencias para ser personas humildes, con hambre y empáticas, y las situaron en el segmento central. Algunos no cumplían por poco con el nivel de exigencia en únicamente un aspecto, y fueron situados cerca del centro del gráfico, mientras que otros tenían problemas con más de una de las cualidades y quedaron situados más lejos del centro.

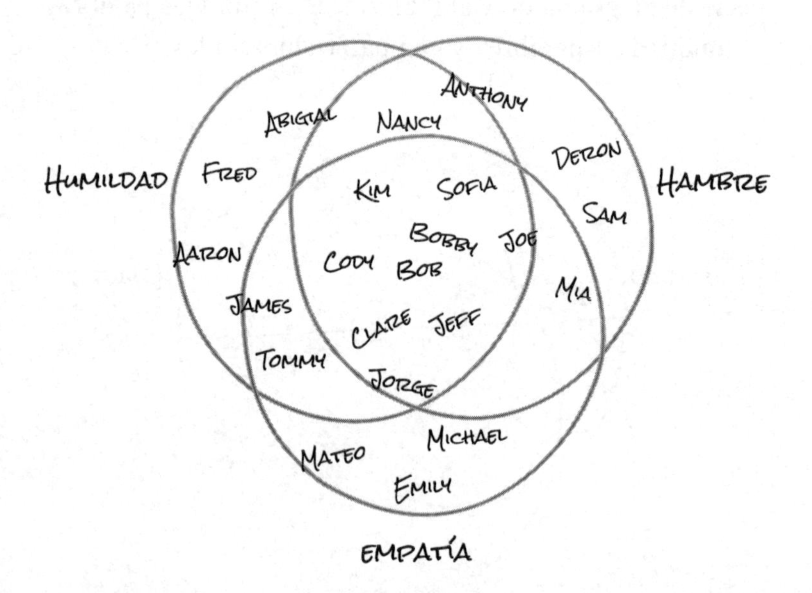

Jeff insistió en que el equipo de liderazgo fuera evaluado de la misma manera, y aunque todos entraron en el segmento central, lo interesante fue que cada uno aterrizó en un lugar diferente.

Cuando la mayor parte de la comida había desaparecido y habían colocado casi dos docenas de nombres en alguna parte del diagrama de la pizarra, Clare y Bobby quedaron convencidos de estar en el buen camino.

Pero Jeff seguía sin estar seguro.

—Me sigue pareciendo demasiado simple. —No dejaba de mirar las tres palabras—. Y, sin embargo, no veo que falte nada. Supongo que se trata únicamente de la combinación de las tres.

—Ya está —proclamó Clare, dirigiéndose a la pizarra y rodeando con un luminoso círculo rojo el segmento central—. La magia de esto es que aunque solo falte una de las cualidades de manera importante, obtienes un cretino.

Bobby rió.

—Caramba, eso podría habértelo dicho yo.

Clare le tiró el bolígrafo.

Al final, decidieron que debían empezar a utilizar inmediatamente el modelo en el proceso de contratación, al que Bobby sugirió que denominaran la «prueba del no cretino». La primera de tales pruebas sería a la mañana siguiente con Ted Marchbanks.

DE NUEVO, TED

El día se organizó como una sesión exhaustiva de entrevistas a Ted. Un reducido número de los empleados de obra y Clare se reunirían con él individualmente a lo largo de la mañana, tras lo cual Ted mantendría a solas un almuerzo de trabajo con Jeff. Este dejó claro que el principal objetivo sería discernir si Ted era una persona humilde y con hambre, una vez que ya se había decidido que era empático.

La primera entrevista con Ted la realizaría Craig, el capataz de la obra de Oak Ridge, así que Jeff acordó reunirse con él una hora antes para ayudarle a comprender cómo podría proceder para evaluar a Ted sobre las dos virtudes deseadas. Jeff admitió que podría ser difícil, puesto que realmente no contaba con unas buenas definiciones prácticas de lo que significaban tales palabras desde un punto de vista de la conducta observable.

Las instrucciones que le dio a Craig fueron sencillas.

—Se trata simplemente de que te hagas una idea de si quiere seguir trabajando duro, de si sigue deseando comprometerse con el trabajo o de si solo busca algo que le distraiga del aburrimiento de la jubilación.

Craig tomó nota de todo.

—Lo pillo. ¿Y qué hay de la humildad?

—Bueno, aplica tu criterio. Sabes distinguir a alguien que no es humilde, ¿no es así?

Craig sonrió.

—Bobby seguramente lo llamaría «cretino».

Jeff rió.

—Bobby es muy consecuente con su forma de hablar, ¿verdad?

Craig le hizo otra pregunta.

—¿Y qué tipo de cosas estarías buscando, desde el punto de vista de la humildad?

Jeff no lo dudó.

—Como te he dicho, creo que es más una cuestión de que busques indicios de que no es humilde: arrogancia, aires de superioridad, displicencia, egoísmo.

Craig tomó algunas notas.

—Tiene lógica. ¿Y quieres que venga a verte mañana para contarte lo que pienso?

—Ni hablar —replicó Jeff—. Quiero tener noticias tuyas en cuanto hayas terminado.

Craig pareció sorprenderse un poco, así que Jeff se lo explicó.

—Tengo que saber qué has averiguado para poder decidir qué tengo que buscar en la entrevista del almuerzo. E incluso podría proporcionarles algunas de tus pistas a los demás entrevistadores de la mañana para ayudarles a profundizar en las áreas adecuadas.

—Caray. —Craig estaba impresionado—. No te andas con tonterías.

Jeff sonrió.

—No me puedo permitir andar con tonterías. Hay demasiado en juego.

Craig frunció el ceño.

—No quiero ser pesado, Jeff —dijo, con aire titubeante.

—¿Qué? Pregúntame lo que sea.

—Has dicho que hay demasiado en juego. ¿Hay algo que yo no sepa?

Jeff dudó durante un instante, considerando cuánto contarle.

—Bien. Esta es la situación. Se nos avecina mucho trabajo, y tenemos que contratar a un montón de personas.

Craig asintió, sin dar muestras de sorpresa.

—Lo cual significa que tenemos que encontrar a personas que no nos vayan a crear problemas sobre el terreno.

Craig sonrió y sacudió la cabeza.

—Sé algo sobre eso.

—Exacto. Imagina qué ocurrirá si seguimos teniendo problemas así el año que viene.

Craig pareció entenderlo.

—Oak Ridge está acabando conmigo. No creo que sobreviviera si las cosas empeoran.

Jeff sonrió, pero sin alegría.

—Precisamente. Y si para este tío, Ted, el trabajo en equipo no es lo más importante, si no come, duerme y respira humildad y hambre, será imposible que todas las personas que trabajen para él lo hagan. Y tampoco contratará a esa clase de personas.

Craig empezó a repasar sus notas.

—Bueno, revisemos esto otra vez. Tengo que preguntar...

Jeff le interrumpió, casi riéndose.

—Tranquilo, tú no tienes que resolverlo todo. También se van a reunir otras personas con él. Analiza lo que hemos hablado y comunícame lo que piensas cuando hayas terminado.

—Entendido. —Craig pareció aliviado.

En ese momento, Kim, la recepcionista y administrativa de recursos humanos, entró en el despacho.

—Perdonad. Ted Marchbanks está esperando.

EL INFORME

Cuando Craig terminó su conversación de media hora con Ted, Jeff le pidió a Kim que llevara a Ted a su siguiente entrevista y le pidió a Craig que le informara. En cuanto Ted y Kim se marcharon, fue directo al grano.

—Bueno, ¿qué piensas? —Jeff cerró la puerta.

—Creo que es un tío fantástico —respondió Craig sin titubeos—. Y conoce el sector al dedillo.

—¿Crees que tiene hambre?

Craig reflexionó.

—Sí, no tengo la menor duda de que desea el trabajo. Y quiere volver a estar ocupado.

—¿Te parece que tiene una ética profesional sólida?

—No puedo imaginarme cómo puedes llegar a dirigir un departamento de NBC si no trabajas duro.

—¿NBC?

—Sí, North Bay Construction.

Jeff rió.

—Bien.

Craig sentía curiosidad.

—¿Tienes motivos para creer que no tiene hambre?

—No. Simplemente tengo que asegurarme de que encaja de verdad. —Jeff repasó su libreta—. ¿Y qué hay de la pasión? ¿Sigue siendo un apasionado de la construcción y de la idea de hacer un gran trabajo?

Craig pensó un instante y asintió.

—Sí. Me habló de la nueva ala del hospital y de que a él le gusta hacer esa clase de trabajo. Sin duda no parece el tipo de hombre que debería estar jubilado.

Jeff anotó algo.

—¿Y qué tal la humildad? ¿Fue altanero o irrespetuoso de alguna manera? ¿No es pretencioso?

—¿Pretencioso? No lo sé. Conmigo no fue ni altanero ni irrespetuoso. En cuanto a su ego, solo he pasado media hora con él, pero no vi ninguna señal de alarma. —Se detuvo un segundo—. Diría que es bastante buen tío. Por mi experiencia de esta última media hora, seguro que trabajaría para él.

Jeff tomó algunas notas más.

—Muy bien. Gracias, Craig.

Se dieron la mano, y cuando Craig salía del despacho, Jeff le detuvo.

—Eh, ¿cómo van las cosas con Nancy?

Craig no lo dudó.

—Mejor. Sigue siendo un misterio para mí. Pero la convencí para que volviera a asistir a mis reuniones. Y he aleccionado a mis chicos para que no se cabreen demasiado cuando ella diga algo que pueda molestarlos.

Jeff se sintió aliviado.

—Bien por ti. —Hizo una pausa antes de plantear la siguiente pregunta—. Entre tú yo, ¿crees que es humilde?

A Craig pareció sorprenderle el comentario.

—Creo que esa no es la palabra que utilizaría para describirla.

—Bien —continuó Jeff—. Pero ¿es arrogante? ¿Se cree mejor que los demás?

Su subordinado negó con la cabeza.

—Tampoco la describiría de esa manera. Trata a todo el mundo más o menos igual. Y no se queja por tener que hacer el trabajo sucio. Es solo... —titubeó—, bueno, como ya te dije, es todo un enigma.

Jeff agradeció que no utilizara la palabra «arpía».

PROFUNDIZANDO EN LA INVESTIGACIÓN

Jeff fue a ver a Clare y la preparó para la conversación que iba a tener con Ted al cabo de diez minutos.

—Desde luego, no creo que sea vago ni desapasionado —le explicó Jeff—. Así que no hay por qué inquietarse por el hambre.

Clare completó la idea.

—Y sabe calar a las personas y seducirlas, así que sin duda es muy empático. Lo cual significa que la única duda es la humildad, y no parece que haya hecho nada que nos haga pensar…

Jeff la interrumpió.

—No, no lo ha hecho. Pero tampoco ha hecho nada para hacerme pensar que sea humilde.

Clare frunció el ceño.

—¿Y eso cómo se notaría?

—No lo sé. De hecho, no tengo una idea precisa de qué es la humildad.

Clare sonrió.

—Bueno, ese podría ser un pequeño problema.

Jeff lo admitió.

—Lo sé. Lo que pasa es que la humildad es algo engañoso. Si una persona es realmente empática y sabe cómo presentarse como alguien humilde, ¿cómo lo sabes? No se trata solo de evitar ser una persona descaradamente arrogante. En fin, ¿cuántas personas alardean siempre de sí mismas y son abiertamente condescendientes con los demás?

—Conozco a unas cuantas —dijo Clare.

—Y yo también —reconoció Jeff—, pero a la mayoría no se las entrevista para un trabajo como este. —Reflexionó un instante sobre lo que había dicho—. O mejor aún, la mayoría no lograrían superar los primeros diez minutos de una entrevista. Son fáciles de calar.

Clare manifestó su acuerdo.

—Sí, los sutiles son los más peligrosos.

—Razón por la cual tenemos que ser muy, pero que muy cuidadosos al respecto, casi paranoicos, cuando vamos a contratar a alguien para un puesto tan importante.

Clare cerró la puerta de su despacho.

—Bueno, da la sensación de que tengas dudas sobre Ted.

Jeff replicó.

—No sé si son dudas. Pero todavía no tengo nada que se acerque a una confirmación de que sea nuestro hombre.

—Te refieres a que sea humilde.

—Ajá. Esa es mi única duda —confirmó Jeff.

En ese momento alguien llamó a la puerta, y Kim asomó la cabeza.

—¿Debería hacer pasar a Ted?

Clare tomó aire.

—No, iré a buscarlo yo. —Miró a Jeff y sonrió—. Tengo una idea. Veamos qué soy capaz de averiguar.

REPUTACIÓN

Clare decidió que la mejor manera de conseguir entender con exactitud a Ted sería sacarle de la oficina y ponerlo en un ambiente menos formal.

—Tengo que hacer un recado y pensé que podríamos hacer la entrevista mientras estamos fuera —le informó Clare.

Ted se encogió de hombros.

—Por mí, estupendo.

Entraron en el monovolumen de Clare, cuyo suelo estaba salpicado de ganchitos, y se dirigieron a los almacenes Target.

—Tengo que comprarle un regalo de cumpleaños a un amigo de mis hijas —le explicó ella.

Durante el trayecto, hablaron de la filosofía de gestión de Ted y de la gente a la que había dirigido en NBC. La mayoría de las respuestas que dio fueron francamente buenas, aunque no entró en detalles específicos. Según él, no había tenido ningún problema serio con sus subordinados.

En cuanto al escenario nada convencional de la entrevista, el hombre lo manejó bien.

De regreso a las oficinas, cruzaron por uno de los nuevos puentes sobre el río Napa, y Ted declaró con entusiasmo: «Esta fue una de mis obras.» Hablaron de las muchas horas que había invertido en el trabajo y de las relaciones que había tenido que mantener con los políticos locales y estatales.

Cuando regresaron al aparcamiento de CV, Clare dejó a Ted en la puerta principal para que no llegara tarde a su siguiente entrevista.

—Habla con Kim y ella te indicará adónde tienes que ir.

—¿Quién es Kim? —dijo él educadamente.

Aunque un poco sorprendida por la pregunta, en aquel momento Clare no le dio muchas vueltas.

—Es la recepcionista que te condujo a las entrevistas esta mañana. Trabaja para mí.

Después de dejar a Ted, se dirigió al despacho de Jeff y le hizo partícipe de sus opiniones. Estaba más convencida que nunca de que Ted era tan empático como cualquier otro ejecutivo que hubiera conocido y de que tenía hambre. Y en cuanto a su humildad, al igual que Craig no veía ningún motivo de alarma.

—El hombre es todo un diplomático. Imperturbable. No alcanzo a ver ninguna razón por la que no debiéramos contratarle.

Jeff parecía reticente.

—¿Cuál es el problema?

—¿Qué? —preguntó ella.

—Por la forma en que has dicho «No alcanzo a ver ninguna razón por la que no debiéramos contratarle», diría que no estás convencida.

Clare pensó en ello, mirando por la ventana.

—Bueno, quizá no lo esté. No sé por qué.

—¿Qué te parece que forme parte de nuestro equipo directivo? Tú y yo y Bobby y él.

—Esa es la cuestión. No sé si es la idea de incorporar una nueva cara al equipo lo que me molesta, o si hay algo concreto en relación con él.

En ese momento, Kim llamó a la puerta y asomó la cabeza.

—Siento molestaros. Solo quiero asegurarme de que tenemos claro el resto del día. —Miró a Jeff—. Después de la siguiente entrevista te llevas a Ted a comer, ¿no?

Clare lo confirmó por Jeff.

—Sí. ¿Dónde les has reservado sitio?

—Había pensado que Pacific Blues, en Yountville, estaría bien. Sirven los mejores macarrones gratinados del valle.

—Nunca he ido —admitió Jeff—, pero me parece bien.

Cuando Kim estaba empezando a retirarse de la entrada, Jeff la detuvo.

—Eh, Kim, ¿puedo hacerte una pregunta?

—Depende de qué se trate —respondió ella, bromeando.

—Muy bien. ¿Qué opinas de Ted?

La pregunta la pilló desprevenida.

—¿A qué te refieres?

Jeff sonrió.

—Me refiero a qué opinas de él. ¿Tú lo contratarías? ¿Querrías trabajar con él todos los días?

Kim pareció un poco incómoda.

—Caramba, eso es delicado.

Clare sintió curiosidad.

—¿Por qué es delicado?

Kim entró en el despacho y cerró la puerta.

—Porque si te digo que me ha tirado los tejos y luego le contratas, eso no le va a gustar.

—¿Que te ha tirado los tejos? —exigió saber Clare en tono imperioso.

Kim se echó a reír.

—No. Era solo un ejemplo. Lo que quiero decir es que yo no querría decir algo malo de alguien con quien podría tener que trabajar. O para quien podría tener que hacerlo.

Jeff se incorporó en la silla.

—Bueno, para empezar, tú eres una parte importante de este lugar, Kim. Confiaría en tu opinión tanto como en la de cualquier otro. Carajo, debería haberte incluido en el cuadro de entrevistas.

Kim se rió.

—¿Tienes algo malo que decir de Ted? —preguntó Clare a continuación.

—No lo sé. Bueno, he conocido a personas mucho peores.

—¿En qué sentido? —inquirió Jeff.

—Bueno, lo que sí puedo decirte es que no fue precisamente sociable cuando llegó esta mañana.

—¿Cómo es eso?

—Bien, estuvo en el vestíbulo quince minutos, solo él y yo, y ni siquiera me hizo una pregunta. Ni siquiera reparó en mi presencia. Y he estado llevándole de aquí para allá durante las últimas horas, y creo que no me ha dicho ni una palabra, aparte de «¿Dónde está el baño?» o «¿Me puedes cargar el móvil?»

Clare miró a Jeff para ver qué pensaba. Él estaba tomando notas.

—¿Y te dio las gracias por cargarle el teléfono? —quiso saber Jeff.

Kim tuvo que pensarlo.

—Tal vez. La verdad es que no lo recuerdo.

—Luego es evidente que no fue muy efusivo al respecto.

Kim negó con la cabeza.

—No. Tengo la sensación de que consideraba que era mi obligación. No estoy diciendo que sea un imbécil. Nada de eso. Pero si mañana se encuentra conmigo por la calle, me sorprendería que se acordara de mí.

Fue entonces cuando Clare lo recordó.

—¡Si no sabía ni cómo te llamabas!

—¿Cómo? —Kim estaba confundida.

—Cuando le dejé hace diez minutos, le dije que te buscara, y me preguntó que quién era Kim.

—¿Estás segura? —preguntó Jeff.

Clare asintió.

—Sí. Creo que la cosa fue bastante clara.

Kim se sintió mal de repente.

—Escuchad, yo no quiero torpedear a este tío. Puede que estuviera distraído o que tuviera una mala mañana.

Jeff se mostró comedido.

—Has hecho bien, Kim. No estás torpedeando a Ted. No vamos a sacar conclusiones precipitadas. Pero tenemos que ser prudentes en esto y también tenemos que ser rigurosos.

Clare estaba a punto de darle las gracias a Kim y decirle que se marchara, cuando se le ocurrió algo.

—¿Sabéis qué es lo que deberíamos hacer? —Era una pregunta retórica que no iba dirigida a nadie en particular, así que ella misma la respondió—. Deberíamos averiguar si esto es solo un mal día, una anomalía, o es algo habitual en Ted.

—¿Y cómo sugieres que hagamos eso? —quiso saber Kim.

—Bueno, cuando comprobemos las referencias en NBC, hablemos en plan informal con el personal administrativo de allí.

Jeff estaba perplejo.

—¿Vamos a llamar a la recepción y a preguntar: «Perdone, ¿es Ted Marchbanks un cretino?»?

Kim rió.

—La verdad, eso no sería tan difícil. Si lo es, estarán encantados de decírmelo. Y si no, les alegrará decírmelo. Os daré una respuesta dentro de quince minutos.

De pronto Clare y Jeff se echaron a reír como unos quinceañeros que estuvieran planeando cogerle el coche a sus padres para darse un garbeo.

—No podemos hacer esto, ¿verdad? —Jeff miró a Clare para que le orientara.

Ella respondió sin mucha convicción.

—Bueno, formalmente no. Vaya, que no sería muy profesional.

Kim la rebatió.

—Pero no averiguarlo sería igual de poco profesional.

—Estoy de acuerdo —terció Jeff.

Kim continuó.

—Quiero decir que si es así como trata a las personas que están por debajo de él en la cadena trófica, entonces no querría tenerlo aquí. No va con CV en absoluto.

Clare y Jeff se miraron como diciendo: «Tiene razón».

—¿Y cómo conseguimos esa información de manera adecuada? —preguntó Clare.

Kim respondió en tono grave.

—Mi hermano puede piratear sus expedientes de personal y ver si hay alguna queja contra él.

Clare se escandalizó.

—Dime que estás de broma.

—Qué va, a mi hermano se le da muy bien ese tipo de cosas.

Jeff entrecerró los ojos y miró a la recepcionista con incredulidad.

Clare empezó a reprender a su empleada.

—Pero Kim, eso es...

Kim no la dejó terminar.

—Vamos, tíos. Estoy de broma. No soy idiota.

Clare y Jeff prorrumpieron en una carcajada.

—Pero sí que tengo un hermano, y la hermana de su novia trabajaba allí. Puedo ver si quiere hablar con nosotros. Eso seguro que no tiene nada de malo.

Jeff puso fin a la conversación.

—Eso sería fantástico. Procura hacerlo de una manera correcta y respetuosa. Y veremos qué puedo descubrir en mi conversación con él.

—¿Qué vas a hacer? ¿Preguntarle si trata mal al personal administrativo? —se preguntó Clare en voz alta.

Jeff se encogió de hombros.

—Puede.

DESNUDO

Jeff y Ted fueron a almorzar a Yountville cada uno en su coche, porque el restaurante estaba en la misma dirección que Ted seguiría más tarde. Pacific Blues no estaba demasiado atestado, lo que permitió que Jeff encontrara un buen sitio rodeado de mesas vacías.

Una vez que encargaron la comida, Jeff fue al grano.

—¿Qué tal han ido las entrevistas hasta el momento? —preguntó.

—Bien. Todos han sido muy amables. Siempre he sabido que CV era un lugar lleno de buenas personas.

Jeff decidió ser lo más directo posible.

—¿Te parece que nuestra cultura sería adecuada para ti?

—Por supuesto —respondió Ted sin pensarlo realmente—. Como te he dicho, es una buena empresa.

Jeff insistió un poco más.

—¿Cómo definirías la cultura de North Bay? ¿Y en qué aspectos crees que la nuestra será diferente?

Ted arqueó las cejas, como si no hubiera pensado en el tema.

—Bien, sois un poco más pequeños, así que la cultura puede que sea menos rígida.

—¿North Bay lo era?

—Diría que sí. Ya sabes, más de traje y corbata y con unas oficinas más elegantes.

—¿Y eso encajaba contigo?

Ted se encogió de hombros.

—Yo me amoldo a todo. Y allí estaba a gusto.

—¿Y qué hay de las personas que trabajaban para ti? ¿Cómo describirían ellos tu estilo de dirección?

Ted se removió en su asiento y respondió con aplomo.

—Dirían que era un buen jefe. Exigente, pero que cuidaba de mi gente.

—¿A qué te refieres con eso? —preguntó Jeff con indiferencia.

—Bueno —Ted tuvo que pensar un momento—, procuraba que estuvieran bien pagados y que tuvieran buenas oportunidades de promoción en la empresa cuando terminaban mis proyectos.

—¿Y qué hay de las personas que no trabajaban en tus proyectos? El personal de la empresa, los administrativos. Si les preguntara por ti, ¿qué dirían?

Ted mostraba ya una expresión de extrañeza en el rostro. Con solo un ligero asomo de irritación, contestó:

—Nunca tuve ningún problema con la gente, si es a eso a lo que te refieres.

Jeff percibió el malestar al momento y decidió arriesgarse.

—Lo siento si esto te está pareciendo enigmático, Ted. Permíteme que sea más claro al respecto. —Tomó aire—. Para nosotros es muy importante tener una actitud decidida en cuanto a la cultura. Y más que nunca ahora que Bob está ausente. Y una de las cosas importantes que más valoramos es la manera que tienen las personas de tratarse unas a otras.

Ted asintió como si eso fuera algo que admirase.

—Y la cuestión con Bob es que él trataba por igual a todo el mundo. Daba lo mismo cuál fuera el puesto de uno, o el departamento en el que trabajara o cuánto dinero ganase.

—Me parece que eso es algo bueno —respondió él diplomáticamente—. Bob es un buen hombre, y diría que estoy de acuerdo con todo eso.

Jeff se sentía decepcionado por no estar transmitiendo la importancia de la humildad de una manera que pareciera algo más que una mera generalización. Así que decidió ser un poco más directo.

—Mira, hemos decidido que vamos a ser extremistas en lo que respecta a esta cuestión. —Hizo una pausa y fue un paso más allá—. De hecho, voy a darle tanta importancia, que una persona que no compartiera esa actitud acabaría detestando trabajar aquí. Sería realmente desagradable para ella.

Aunque desde luego Ted no había reaccionado con sorpresa, Jeff estaba seguro de que se había sobresaltado un poco al oír la palabra «desagradable».

Pero aunque así fuera, Ted se recobró inmediatamente.

—Soy de la opinión de que tener una cultura sólida es muy importante. De hecho, esa es probablemente el área en la que NBC podría haber sido un poco mejor.

Jeff asintió ante el comentario de Ted. Entonces decidió jugarse el todo por el todo.

—Ted, nuestra cultura tiene que ver con la humildad, el hambre y la empatía. En cómo interactuamos unos con otros. Pensamos que es lo que crea el ambiente propicio para el trabajo en equipo. —Jeff se sentía más seguro de lo que había esperado, aunque decidió que la sutileza no iba a dar resultado—. Y vamos a comer y a beber esas cosas y a dormir con ellas. Vamos a hablar de ellas en las contrataciones, en las entrevistas, en las reuniones de empresa, en las evaluaciones de rendimiento y en las decisiones sobre las retribuciones. En todo.

—¿Y qué hay del rendimiento? —preguntó Ted con cierto escepticismo—. ¿Con entregar los proyectos dentro del plazo y sin salirse del presupuesto?

—Eso es esencial. Sin duda —replicó Jeff—. Pero creo que esos serán los resultados que obtendremos si reunimos a personas humildes, con hambre y empáticas y les decimos claramente qué es lo que hay que hacer.

Ted asintió, aunque no parecía convencido.

—A mí me parece un buen plan. Creo que podría contribuir a todo eso.

Jeff reculó un poco y pasó los siguientes veinte minutos preguntándole a Ted cómo distribuiría los recursos entre los dos nuevos proyectos y cómo manejaría la contratación. Fue muy instructivo, y Jeff llegó a apreciar la experiencia que Ted demostraba tener e incluso a disfrutar de su persona. Pero seguía sin estar convencido de que fuera adecuado para CV.

Cuando el tiempo para la entrevista tocó a su fin, le hizo una última pregunta.

—¿Con quién puedo hablar en NBC sobre tu estancia allí y de tu idoneidad para nuestra cultura?

Ted titubeó.

—Bueno, parte de mi gente se ha marchado, y tendrías que hablar con...

Jeff le interrumpió educadamente.

—No importa. Podría ser cualquiera, aunque ya no esté allí. Bastaría con alguna persona que te conozca bien y que pudiera tener una visión óptima.

Ted guardó silencio, aparentemente algo desconcertado.

—Deja que te envíe algunos nombres esta tarde, si te parece bien.

Jeff le aseguró que le parecía bien, y dieron por concluida la entrevista.

—Ted, eres una persona con un notable talento, y si CV es el lugar adecuado para ti, entonces serás un gran activo para nosotros.

Cuando se estrecharon las manos, Jeff estaba seguro de que Ted no tenía nada claro si sentirse halagado o amenazado.

REFERENCIAS

Hacia el final del día, Jeff consultó sus mensajes de texto y correos electrónicos; Ted todavía no le había enviado las referencias. Clare se pasó a verle, confiando en empezar el proceso.

—Todavía no —anunció él, para decepción de la mujer.

Ella trató de ser resolutiva.

—Bueno, conozco a un cliente de Ted desde hace años. Puedo intentarlo con él. Y quizá la hermana de la novia del hermano de Kim no tarde en aportarnos algo.

Jeff se rió.

—Yo también detesto tener que esperar.

Clare tomó una decisión repentina.

—Ah, qué narices. Llamemos a la directora de recursos humanos de NBC. Nos hemos visto unas cuantas veces. Ted ya no trabaja allí, así que es posible que ella nos eche una mano.

Se fue derecha al teléfono.

—¿Así que lo que estamos buscando ahora es solo la humildad? —preguntó ella mientras revisaba su lista de contactos—. ¿No vamos a incluir nada más?

Jeff se encogió de hombros.

—No lo sé. Es decir, si su competencia técnica no nos ofrece dudas, creo que deberíamos centrarnos en la única cosa que nos preocupa.

—Es que estoy tan acostumbrada a hacer comprobaciones de referencias genéricas —comentó ella cuando encontró el número—. Se me va a hacer raro profundizar en una sola cosa.

—Bueno. —Jeff sonrió—. Algo debemos de estar haciendo bien. Después de todo, queremos que CV sea una empresa rara, en el buen sentido de la palabra.

—¿A qué te refieres?

—Bueno, a que la gente que no encaje debería pensar que somos un poco raros, ¿no?

Clare hizo una mueca.

—¿Raros? Pues a mí no me parece una rareza ser humilde, tener hambre y ser empático.

—Por lo que a nosotros respecta, no. Pero cualquiera que sea un negado para las relaciones sociales, pensará que somos tontos por preocuparnos tanto por ser empáticos.

Clare asintió.

—Y si una persona tuviera un ego desmedido, pensará que este sería un lugar raro para trabajar.

Clare parecía más tranquila ahora.

—Supongo que estás en lo cierto. Raro en el buen sentido.

—Por supuesto. Averigüemos si Ted Marchbanks es raro en el buen sentido.

Clare pulsó la tecla del manos libres y marcó el número mientras le susurraba a Jeff: «Se llama Marie.»

Una mujer respondió después del primer timbrazo.

—Aquí Marie.

—Marie, soy Clare Massick, la responsable de recursos humanos de Construcciones Valley, y tengo conmigo a nuestro director general, Jeff Shanley. No sé si te acuerdas de mí, pero nos hemos visto varias veces.

—Pues claro que te recuerdo —dijo Marie con total naturalidad—. ¿Qué puedo hacer por vosotros?

—Bueno, confiaba en que pudieras decirnos algo acerca de Ted Marchbanks. Estamos en negociaciones con él en relación con un puesto de trabajo y desearíamos que nos dijeras si en tu opinión encajaría bien en nuestra empresa.

Marie tardó un instante en reaccionar.

—Bueno, Ted es muy competente y profesional.

—Fantástico —respondió Clare—. ¿Y qué hay de su actitud? ¿Dirías que es una persona abierta a las críticas y que está dispuesta a admitir sus equivocaciones?

Se produjo un instante de silencio en la línea antes de que Marie respondiera finalmente.

—Como te he dicho, Ted es como la mayoría de las personas que trabajan aquí. Es profesional, positivo y trabajador.

Clare miró a Jeff con una expresión que parecía quererle decir: «Esa es una respuesta lamentable.»

Fue Jeff el que continuó.

—¿Puedes decirnos la causa de que Ted se marchara de NBC?

Marie contestó de inmediato.

—No, me temo que no puedo. Va en contra de nuestra política. Pero sí puedo decir que no fue despedido por ninguna causa, y que se lo recomendaríamos a cualquier potencial empleador.

Clare pulsó la tecla de silencio y le dijo a Jeff.

—¿Y cómo sabrían si sería adecuado para ese empleador?

Pulsando de nuevo la tecla de silencio, Clare lo intentó una vez más.

—Marie, ¿qué piensas que el personal administrativo que trabajaba para Ted diría de él?

Marie respondió sin titubear.

—Nunca tuvimos ninguna queja formal contra él. No sé qué más deciros.

Era evidente que aquella mujer quería colgar y no iba a ser una fuente de información útil.

Así que Clare puso fin a la conversación.

—Gracias, Marie. Te agradecemos el tiempo que nos has dedicado.

—Faltaría más. Buena suerte —respondió cordialmente, y terminó la llamada.

—Bueno, no ha servido para nada —se quejó Jeff.

—Sí, para nada. Pero eso es lo que obtienes hoy día cuando llamas a una empresa que lo único que desea es evitar una demanda.

»En fin, ojalá consigamos referencias de Ted antes de mañana por la mañana para que podamos tener algo de verdad. —Clare hizo una pausa—. ¿Qué te dice tu intuición?

—Estoy mitad y mitad —contestó Jeff—. Puede que un poco más que eso. Solo espero que consigamos algo que nos indique un camino u otro, bien sea por una de estas referencias o a través de la hermana de la novia del hermano de Kim.

Clare se rió justo cuando el teléfono de Jeff sonó.

—Te dejo que la atiendas. Tengo una reunión.

Si hubiera sabido quién era el que llamaba, se habría quedado.

LA LLAMADA

Jeff no reconoció el número. Nunca había hablado con Ted por teléfono.

—Aquí Jeff.

—Jeff, soy Ted Marchbanks.

—Hola, Ted. Ahora mismo iba a comprobar si me habías enviado ya las referencias. ¿Qué sucede?

—Bueno, de eso te quería hablar. Después de la comida de hoy, me senté a hablar con mi mujer. Y bueno —balbuceó—, me parece que quizá no debería volver a meterme de lleno en el trabajo tan pronto.

Jeff se quedó desconcertado.

—Caramba. Cuéntame más.

—Puede que quizá esté siendo un poco impulsivo —dijo Ted sin inmutarse—. No sé si justo ahora estoy preparado para dejar la jubilación.

Jeff no se creía ni una palabra de lo que estaba oyendo. Todo le sonaba a pura excusa. Estaba asombrado.

—Tengo que decirte que estoy un poco sorprendido —admitió Jeff—. O quizá algo más que un poco.

—Lo sé. Lamento haberos dado falsas esperanzas, chicos.

Jeff respondió con comprensión.

—No, no. Bueno, solo han sido unos días. Y tú tienes que hacer lo que sea mejor para ti y para tu esposa. No te preocupes por eso.

Tras una pausa ligeramente incómoda, Jeff buscó una ratificación.

—Así que lo que estás diciendo es que te retiras definitivamente del proceso, ¿no es eso?

Otra pausa.

—Sí —respondió Ted—. Estoy fuera del proceso.

—De acuerdo. Bueno, sigue en contacto con nosotros. Si cambias de idea, dínoslo. —Jeff confió en que no pareciera que Ted tenía un empleo esperándolo si lo quisiera.

—Gracias, Jeff. Que tengáis buena suerte.

Y así fue como terminó la conversación.

Jeff se sentó a su mesa lidiando con una serie de emociones, la mayoría de las cuales no eran agradables.

Por un lado, le daba pavor tener que decirle a Clare, y especialmente a Bobby, que el hombre que habían esperado resolviera una buena parte de sus problemas había desaparecido. Eso afectaría seriamente su moral.

Aparte de eso, no sabía de otra persona que pudieran encontrar en un tiempo relativamente breve. Solo pensar en la logística del proceso de selección le daba espanto.

Pero también tenía una extraña sensación de alivio que esperaba poder describirles a Bobby y a Clare. En ese momento, no estaba seguro de que fueran a creérselo.

LA ANGUSTIA

Antes de que pudiera ir a buscar a Clare, ella le llamó para anunciar que su reunión había sido cancelada y que Bobby iba de camino a la oficina.

—Quiere que se le ponga al día de la situación de Ted —explicó ella—. Le he dicho que todavía no había noticias.

Jeff procuró ocultar cualquier asomo de decepción en su voz.

—De todas formas, ¿por qué no os pasáis los dos? —sugirió él.

Quince minutos después, los dos ejecutivos cruzaban el umbral de la puerta de Jeff sonriendo, ignorantes de lo que estaban a punto de enterarse.

—Hola, jefe —saludó Bobby, e inmediatamente después su tono cambió—. Uy, ¿qué sucede?

—¿Os parece que sucede algo? —preguntó Jeff.

—Pareces un poco abatido —confirmó Clare—. ¿Qué pasa?

Jeff tomó aire.

—Sentaos.

—Uy —repitió Bobby.

—Bien, os cuento. Ted me acaba de llamar —hizo una pausa— y ha decidido no seguir con las entrevistas.

—¿Qué? —se adelantó a preguntar Bobby—. ¿Por qué?

—Dijo que, después de todo, no estaba seguro de querer dejar de ser jubilado.

Bobby se puso muy serio de repente.

—Sandeces. Pero si detesta la jubilación. ¿Qué dijo?

Jeff miró a Clare antes de responder.

—Eso es lo que dijo. Aunque me parece que había algo más.

—¿Como qué? —insistió Bobby.

Clare intervino y se dirigió a Jeff.

—¿Crees que quizá le hayamos asustado?

—¿Qué? —Bobby casi parecía enfadado—. ¿Cómo?

—Creo que quizá se haya sentido un poco amenazado por todas las preguntas sobre la cultura —admitió Jeff—. O se sintió ofendido o no le gustó lo que oyó.

Bobby mostró su incredulidad.

—¿Nos hemos enterado de algo a partir de sus referencias?

—No llegó a mandarlas —le aclaró Jeff—. Pero hablamos con unos cuantos contactos que creímos podrían ayudarnos.

Clare añadió.

—Llamamos a la jefa de recursos humanos de NBC, pero no nos dijo nada, salvo comentar que no había sido despedido. Los demás todavía no nos han respondido.

Nadie dijo nada durante unos largos segundos.

—¿No os parece que quizá estamos llevando demasiado lejos este asunto de la cultura? —Bobby no lo expresó realmente como una pregunta—. En fin, que estamos jodidos.

Jeff sintió el impulso de discutir con Bobby, pero decidió dejar que se desfogara todo lo que necesitara. No había terminado.

—Nadie es perfecto. No podemos permitirnos imponer todas esas restricciones a las personas que contratemos. —Se dirigió a Jeff—. Tú mismo dijiste que tendremos que contratar a más personas todavía si queremos alcanzar las cifras que deseamos, y luego vas y lo haces más difícil. Esto es como atarse una mano a la espalda en un combate de boxeo. Es una locura.

Clare mostró su desacuerdo.

—Bobby, esto no va de un empleado más. Se trata de un jefe, de alguien que contratará a otras personas. Es alguien con quien vamos a tener que trabajar y de quien vamos a depender. Si no es la persona adecuada, es imposible que podamos esperar que los demás lo entiendan.

Jeff se alegró de que Clare pareciera comprenderlo. Hasta que la mujer se dirigió a él.

—Bueno, ¿hay alguna manera de que podamos lograr que lo reconsidere? ¿Parecía convencido de la decisión?

—No creo que vaya a reconsiderar nada —respondió Jeff—. Y yo no estoy convencido de querer que lo haga.

Bobby suspiró.

—A lo mejor todo eso de la humildad, el hambre y la empatía es un error.

Clare se encogió de hombros.

A Jeff le parecía increíble que la decisión de un hombre de no aceptar un empleo llevara a unas personas inteligentes a claudicar de sus criterios y principios con semejante facilidad. Aunque tenía muchas ganas de hacer algo para demostrar que el trabajo de los tres en torno a la humildad, el hambre y la empatía era lo correcto, en ese momento no vio la oportunidad. Permaneció callado durante unos segundos embarazosos.

Bobby rompió el silencio.

—Tengo que estar en Oak Ridge dentro de diez minutos. Luego tengo una cena. Mañana os veo, chicos. —Entonces, sin mirar a Jeff a los ojos, añadió—: Lamento haberme alterado tanto, pero ahora mismo estoy luchando con un mar de dudas.

Tras lo cual se marchó.

EN TINIEBLAS

Jeff y Clare se miraron uno al otro.

—¿Te parece que estamos equivocados sobre la humildad, el hambre y la empatía? —preguntó Jeff.

Clare respiró profundamente.

—No lo sé. Parece demasiado evidente que estamos equivocados. Si eliminas cualquiera de esas cualidades, tienes a alguien con el que no vas a querer trabajar. Pero puede que esto sea ser demasiado idealista.

En contra de la intuición que le decía que siguiera adelante con la conversación, Jeff decidió que quizá lo mejor seria poner tiempo y distancia de por medio.

—Retomemos la conversación mañana, cuando no estemos tan agobiados.

Clare no se opuso a la sugerencia.

Esa noche, tras acostar a los niños, Jeff y Maurine hablaron largo y tendido sobre el trabajo. Después de que él le explicara la situación, ella le dio el mejor consejo que había recibido en años.

—No seas idiota, cariño —dijo Maurine sin el menor atisbo de ironía—. Solo porque sea sencillo, no significa que no sea correcto.

—¿Y qué le digo a Bobby? —replico él, anteponiendo las cuestiones prácticas a las teóricas—. Está muy cabreado.

Maurine no lo dudó ni un instante.

—Dile que se está comportando como un idiota. Me refiero a Ted Montgomery...

—Marchbanks —la corrigió Jeff.

—Lo que sea. Sería espantoso trabajar con Ted Marchbanks. Hasta yo sé por mi trabajo en publicidad y como voluntaria en el colegio o en la iglesia que consigues hacer más cosas con tres personas que encajen que con una cuarta que no lo haga. Y por encima de cualquier otra cosa, lo que una persona necesita para encajar es humildad.

Jeff asumió entonces el papel de abogado del diablo.

—No sabemos con absoluta certeza que Ted no sea humilde.

—¿Lo dices en serio? —preguntó ella incrédula, pero con cariño—. Todo lo que has dicho me indica que ese sujeto es un manipulador.

Jeff se sorprendió ante la precisión de la afirmación de Maurine.

—¿Y sabes qué sucede cuando contratas a un manipulador? —preguntó ella retóricamente—. Manipulaciones. Complicaciones. Egoísmo. Si algo no es el tío Bob, es un manipulador.

Antes de que Jeff pudiera responder, Maurine concluyó.

—Y por lo que sé sobre Bobby, la última persona con quien querría trabajar es con un manipulador.

Sabía que su esposa estaba en lo cierto. Por desgracia, ella se negó a acompañarle al trabajo a la mañana siguiente para decirle a Bobby que era un idiota.

LA PRIMERA LUZ

Jeff se marchó temprano al trabajo sin saber muy bien qué iba a hacer. Cuando Clare llegó, le contó gran parte de la conversación que había mantenido con Maurine la noche anterior.

—En teoría, todo tiene sentido —admitió Clare—. Pero la realidad práctica a la que nos enfrentamos aquí hace que sea fácil desecharlo todo y dirigir el negocio como cualquier otra empresa genérica.

Jeff frunció el entrecejo.

—Lo que necesitamos es dejar de pensar en Ted Marchbanks y decidir si estamos comprometidos con este modelo. Decidir si nos funciona en la práctica.

—No sé cómo se hace eso. ¿Y cómo podemos demostrárselo a Bobby? —respondió Clare.

Jeff pareció tener una revelación.

—¿Y si lo utilizamos para resolver la situación de Oak Ridge?

—¿Qué quieres decir? —preguntó ella.

—Bueno, estudiemos a las personas involucradas y veamos si la humildad, el hambre y la empatía nos ayudan a comprender qué es lo que ha sucedido allí y cómo resolverlo.

—¿No debería Bobby estar con nosotros?

Jeff hizo una mueca.

—Si crees que es capaz de olvidarse del problema de Ed durante media hora.

—Puedo conseguir que lo haga.

Jeff llamó a Bobby y le pidió que fuera a verlo tan pronto llegara a las oficinas.

—¿Qué tal en quince segundos? —preguntó Bobby con un ligero tono de amargura en la voz—. Estoy cruzando el vestíbulo.

Tres minutos después entraba en el despacho.

—Siento haber tardado tanto. Tuve que ir a orinar.

Jeff se alegró al ver que parte del sentido del humor de Bobby empezaba a aflorar de nuevo.

Bobby tomó asiento y vio que Clare estaba junto a la pizarra dibujando un organigrama de los equipos de obra de Oak Ridge, en el que figuraban Nancy, Craig, los capataces y los principales directores de proyecto que tenían a sus órdenes. En total, nueve personas.

—¿Qué estamos haciendo aquí? —preguntó Bobby sin asomo de humor.

Jeff respiró hondo.

—Bobby, tenemos que decidir si este asunto de la humildad, el hambre y la empatía funciona de verdad o si es solo una idea teórica que nos está complicando la vida.

—Eso me gusta. Hagámoslo.

Clare se dirigió a la pizarra y rodeó «Nancy» con un círculo.

—Vale, ya hemos acordado que a Nancy no se le da muy bien tratar a las personas, pero que no es realmente arrogante ni perezosa. Es humilde y tiene hambre, pero no es empática. Crea muchos conflictos que luego hay que solucionar.

Bobby manifestó su conformidad con un gesto de la cabeza.

—Así que estudiemos a su equipo —sugirió Clare.

Los ejecutivos estudiaron a las tres personas que aparecían por debajo de Nancy, entre ellos a los dos capataces que se habían marchado y que tuvieron que ser sustituidos, Pedro y Carl. Resultaba evidente que Pedro era un jugador de equipo, ya que reunía las tres cualidades. Por otro lado, Carl mostraba una carencia notable de hambre.

—Esa es la razón de que los chicos de Craig se cabrearan tanto sobre los retrasos —proclamó Bobby—. Apuesto a que si nos hubiéramos librado de Carl, podríamos haber conservado a Pedro.

A Jeff le complació que las evaluaciones tuvieran sentido, aunque todavía no había convencido a Bobby del todo. Así que siguió presionando.

—Sigamos adelante, Clare.

—De acuerdo, hablemos de Craig y su equipo —anunció ella—. ¿Hasta qué punto encaja?

Jeff se alegró al ver que Bobby se adelantaba a hablar.

—No cabe duda de que tiene hambre. Puede que sea el tío más trabajador que tengo. Jamás he tenido que decirle que haga algo, y siempre está pensando en la manera de hacer más para ayudar a los demás.

Entonces intervino Jeff.

—¿Y crees que es humilde? A mí no me parece que sea un tío arrogante.

Bobby asintió.

—Tiene un coste bajo de mantenimiento. No quiere llamar la atención. Es un tío que no se da ningún autobombo. A veces le ignoro, porque rara vez se suscitan problemas en la esfera de su competencia.

—¿Y es empático? —preguntó Clare.

Jeff miró a Bobby en busca de una respuesta.

—Bueno, estoy convencido de que los problemas de Oak Ridge no fueron por su culpa, si es a eso a lo que te refieres. —Hizo una pausa, devolviéndole la mirada a Jeff—. Últimamente has estado tratando con él. ¿A ti qué te parece?

—Sin duda no creo que Craig sea un diplomático de primera, como Ted. Llama a las cosas por su nombre y no tiene pelos en la lengua. Pero eso me gusta. Tengo curiosidad por saber qué es lo que piensan de él sus subordinados.

—Harían lo que fuera por él —dijo Bobby con orgullo—. Sus hombres lo adoran. Craig sabe cuándo es necesario patearle un poco el culo a alguien, y cuándo darle una palmada en la espalda. El tío es un caballero.

—Todos los años consigue una de las mejores puntuaciones de los empleados —añadió Clare. Se interrumpió durante un instante, como si se le hubiera ocurrido algo—. ¿Sabéis?, si Craig se fuera alguna vez, apuesto a que una docena o más de personas le seguirían allí donde fuera.

Jeff hizo avanzar la conversación.

—Vale, Craig es empático y es un jugador de equipo. Prosigamos. ¿Qué hay de su gente?

Clare rodeó con un círculo el siguiente nombre de la pizarra.

—Muy bien, ¿qué tal Brandon?

Clare conocía a Brandon, uno de los capataces de Craig, y estaba aportando su opinión sobre hasta qué punto tenía hambre, cuando Bobby la interrumpió inesperadamente.

—Espera un momento. —Casi parecía enfadado, aunque no del todo.

Jeff y Clare le miraron.

—¿Es que somos idiotas o qué? —preguntó Bobby alzando la voz.

Jeff se preparó de pronto para un enfrentamiento con Bobby, hasta que este se explicó.

—¿Por qué no contratamos a Craig?

—Porque ya trabaja aquí —explicó Clare.

—Vamos, Clare. Me refiero a que por qué no le hacemos miembro de nuestro equipo.

Jeff se quedó algo más que sorprendido.

—¿A Craig?

—Sí, ¿por qué no? —respondió Bobby.

—Supongo que nunca he considerado que pudiera ser miembro de nuestro equipo.

—Eh, el hombre conoce el negocio del derecho y del revés —replicó Bobby—. Así que si habláis en serio sobre la humildad, el hambre y la empatía, él sería una elección evidente.

Jeff no estaba seguro de si Bobby hablaba en serio o solo estaba poniendo a prueba su compromiso con el modelo.

Por suerte, Clare terció en la conversación.

—Es que es tan diferente a Ted... Es decir, uno dirigió un departamento que manejaba sesenta millones de dólares de una empresa y acumula años de experiencia trabajando al más alto nivel, y el otro...

Se detuvo, y no terminó la frase.

Bobby la acabó por ella.

—Y el otro lleva aquí diez años demostrando lo que vale, y sabemos que se toma sumamente en serio el trabajo en equipo.

Jeff miró a Bobby.

—¿Consideras que tiene la madurez necesaria? ¿Que puede soportar más tensión y afrontar más problemas?

Bobby reflexionó.

—Si estuvieras hablando de que tuviera que ir a trabajar a otra empresa sin ninguna ayuda, te diría que no. Pero aquí, con nuestra ayuda, no me cabe duda de que lo haría bien.

—¿En serio? —preguntó Clare.

Bobby no lo dudó.

—Por supuesto. —Y entonces dijo algo que zanjó la cuestión—. Y sabéis que encajaría con nosotros mucho mejor que Ted Marchbanks.

Jeff se sorprendió.

—Entonces estás de acuerdo en que Ted no encajaba a la perfección, ¿no?

Bobby se encogió de hombros con cierto aire culpable.

—Tenía mis dudas sobre su humildad. Pero cuando estás desesperado…

Clare terminó la frase por él.

—Cometes estupideces.

NANCY

Aunque Jeff ardía en deseos de poner fin a la conversación y cantar victoria, una preocupación le reconcomía insistentemente.

—¿Y qué pasa con Nancy? —preguntó, sin que viniera a cuento.

—¿A qué te refieres? —respondió Clare.

—A que cuando tenemos a alguien como ella que falla en una de las tres áreas, ¿qué hacemos al respecto?

Nadie tenía una respuesta rápida, así que Jeff prosiguió.

—Sabemos que no la vamos a despedir. Pero ¿qué es lo mejor que podemos hacer para darle una oportunidad de que sea realmente una jugadora de equipo?

Clare hizo una sugerencia poco entusiasta.

—Conozco entrenadores que pueden asesorarla.

Bobby manifestó su reticencia.

—No, eso no suele funcionar. Se tarda meses y solo se consigue aislar a la gente. La mayor parte de las veces da la sensación de que solo sirve para que la gente se prepare para su siguiente empleo.

—Estoy de acuerdo —terció Jeff.

Clare intervino, pero sin ánimo de polemizar.

—Lo que necesitamos es algo más directo y aplicable. Algo que nos permita hacernos una idea rápida de si realmente quiere cambiar o tiene capacidad para hacerlo.

Jeff tuvo una idea.

—Eh, ¿por qué no la entrevistamos?

—¿A qué te refieres? —Bobby estaba desconcertado.

—¿Por qué no me siento con ella y le hablo como le hablé a Ted? —Jeff no esperó a que le respondieran—. Si no quiere estar aquí, seguramente me lo dejará claro. Hasta es posible que decida irse ella.

Bobby pareció desinflarse.

—Ay, de verdad, no quiero perder a nadie más. —Antes de que Clare pudiera echársele encima, continuó—: Pero si eso es lo que tiene que suceder, estoy de acuerdo.

Clare le dio una palmadita en la cabeza.

Jeff prosiguió.

—No montaré una caza de brujas ni nada que se le parezca. Me limitaré a explicarle lo que estamos intentando hacer con la cultura, y veré qué tal lo digiere.

—¿Y si dice que está por la labor? —preguntó Bobby—. ¿Cómo le enseñamos a ser empática?

—Ese es un problema de categoría, amigo mío —aseveró Clare—. Si Atila el huno entrara ahora mismo en este despacho y me convenciera de que realmente querría mejorar su relación con las personas, sé que podría conseguirlo. La mayor parte de la formación y la preparación depende de cuáles sean las ganas de cambiar que tenga una persona.

Jeff confió en que Nancy fuera más fácil que Atila el huno.

QUINTA PARTE
Los indicadores

DE VUELTA A LAS ENTREVISTAS

Nancy se presentó en el despacho de Jeff poco después de la hora de la comida. Este le había pedido que, «por si acaso», despejara su agenda para el resto del día. Sabía que esta petición quizá la pusiera nerviosa, puesto que la mujer ignoraba el propósito de la reunión. Pero Jeff decidió que valía la pena la tensión pasajera, a fin de disponer de tiempo suficiente para poder discernir si estaba dispuesta a cambiar y quizá para poner en marcha el proceso.

Nancy se sentó en unas de las sillas situadas frente a la gran mesa del tío Bob, y a Jeff le dio la sensación de que no parecía muy feliz de estar allí.

—¿Cómo estás, Nancy? —preguntó, con notable interés y amabilidad.

—Bien, Jeff. —Su respuesta no fue seca del todo, aunque casi—. ¿Te gusta tu nuevo trabajo?

Aunque no parecía estar interesada en la respuesta, Jeff respondió como si en realidad a la mujer le fuera la vida en ello.

—Es un poco más difícil de lo que creía, pero la gente que tengo trabajando conmigo es mejor de lo que hubiera podido imaginar.

Ella asintió como diciendo: «Mejor para ti».

Entonces fue al grano, decidido a mostrarse tan desenvuelto como amable.

—Bueno, la razón de que te pidiera que vinieras a verme es la de hablar de tu carrera profesional y evolución en CV.

La mujer pareció desconcertada y distante al mismo tiempo.

Jeff pensó en su conversación con Ted y decidió arriesgarse.

—Nancy, tú sabes que el trabajo en equipo es uno de nuestros valores, y que junto con la seguridad y la cualidad es de suma importancia para Bob.

Ella asintió. Nada más.

Jeff prosiguió.

—Pues bien, vamos a continuar con ese planteamiento e incluso a esforzarnos un poco más en cuanto al trabajo en equipo, sobre todo teniendo en cuenta que este año vamos a asumir mucho más trabajo, con el hotel de Santa Helena y la nueva ala del hospital Reina del Valle.

Continuó.

—La única manera de ser capaces de dotar a esos proyectos de personal y terminarlos es que nos aseguremos de que todo el mundo trabaja como un equipo.

Jeff se dio cuenta de que Nancy había empezado a poner los ojos en blanco fugazmente, lo que provocó que abordara sus objeciones.

—Bueno, esto no tiene nada de sensiblero. Tú no me conoces, Nancy, pero no soy nada aficionado a dar abrazos, estrechar manos o manosear a la gente.

Por primera vez, Jeff vio el atisbo de una sonrisa en ella. Atisbo que desapareció tan deprisa como había aparecido.

—En cualquier caso, quiero asegurarme de que todas las personas que contratemos, y todas las que trabajen aquí, comprendan a qué nos referimos con ser jugador de equipo y que realmente deseen formar parte de uno. Y estoy empezando con las personas que ocupan puestos de liderazgo.

Más asentimientos de cabeza por parte de Nancy, pero ni rastro de interés. Jeff sabía que eso estaba a punto de cambiar.

—Así que Clare, Bobby y yo nos hemos estado esforzando últimamente en definir con precisión a qué nos referimos con ser un jugador de equipo, y lo hemos concretado en tres conceptos.

Se levantó y se dirigió a la pizarra.

—Los jugadores de equipo tienen tres cosas en común. Son humildes, tienen hambre y son empáticos. —Escribió las palabras en la pizarra y regresó a su silla.

No hubo ninguna reacción por parte de Nancy, así que Jeff siguió adelante.

—Lo de la humildad es bastante evidente. No podemos tolerar los egos desmedidos. Lo del hambre hace referencia al esfuerzo y a la pasión por nuestro trabajo. Y la empatía guarda relación con estar pendiente de las personas que te rodean y tratarlas de una manera positiva y constructiva.

Se hizo evidente que Nancy empezaba a procesar mentalmente las cosas, aunque no estaba preparada para hacer ningún comentario. Así las cosas, Jeff le hizo la pregunta del millón.

—¿En qué medida te parece que das la talla en estas cualidades?

En ese momento Nancy se removió en su asiento.

Para facilitar que se soltara, añadió.

—De vez en cuando todos tenemos dificultades en una o más de esas tres áreas.

Aquello pareció proporcionar a Nancy el impulso que necesitaba.

—Bueno, cualquiera que trabaje conmigo al cabo de unos minutos dirá que tengo hambre. Ese sería el terreno en el que soy más fuerte, sin duda. —Hizo una pausa para comprobar la reacción de Jeff.

Su superior asintió y añadió.

—Yo diría que eso es evidente.

—Y aunque Craig pudiera estar en desacuerdo, no creo que ser humilde me suponga un problema. Vaya, esto podría sonar arrogante, pero no creo que tenga un ego especialmente desmedido.

—En realidad —respondió Jeff—, Craig dijo lo mismo acerca de ti.

Nancy pareció verdaderamente sorprendida.

—¿De verdad?

—Te lo aseguro. Él mismo me lo dijo.

Con un ligero pero incuestionablemente más alto grado de seguridad en sí misma, empezó a decir.

—Así pues, tendría que decir que no se me da bien la interacción social, que es la parte que hace referencia a la empatía, ¿no es así?

Jeff asintió.

—Así es. —Decidió no decir nada más y esperar a que Nancy continuara.

Como así hizo.

—Sinceramente, no gasto demasiada energía en procurar ser amable a todas horas. Prefiero centrarme en que las cosas se hagan. Supongo que hay gente a la que no le gusta eso.

Jeff se mostró escéptico al respecto.

—A ver si lo entiendo, Nancy. ¿Crees que ser amable con la gente es un despilfarro de energía?

Como ella no contestara, Jeff continuó.

—No estamos hablando de darse abrazos y palmaditas en la espalda.

Nancy se rió.

—Muy bien, no se trata de que no quiera ser amable. —Parecía estar buscando la manera de salir de la situación—. Es que no sé.

Jeff le hizo la siguiente pregunta con amabilidad.

—Nancy, ¿tienes idea de cómo se toman los demás las cosas que les dices?

Ella no respondió hasta pensar en la pregunta durante unos seguntos.

—La cuestión es que a las personas que no son empáticas, seguramente no se les dé muy bien saber que no lo son. De lo contrario, mejorarían en ello.

Jeff rió.

—Tengo que decir que tienes toda la razón.

Nancy siguió adelante.

—Así que, por más que me gustaría decirte que estoy dispuesta a mejorar en ese aspecto...

Se detuvo, y Jeff pensó que iba a decirle que no le interesaba nada de lo que fuera a ofrecerle, fuera lo que fuese.

Y entonces, terminó la frase.

—Voy a necesitar que alguien me ayude a mejorar. —Hizo una pausa, y a continuación dijo las tres palabras más importantes de todas—: Pero lo intentaré.

Jeff sintió el impulso de levantarse de un salto y abrazarla, pero imaginó que seguramente Nancy lo tiraría al suelo.

—Nancy, eso es todo cuanto puedo pedir.

UNA SEMANA MÁS TARDE

Jeff hizo oficial la contratación de Craig dos días después, y la reacción de los empleados fue abrumadoramente favorable. Eso fue suficiente para hacer que los otros tres miembros del equipo directivo se alegraran de no haber contratado a Ted Marchbanks. Aunque no fue lo único.

Pocos días después de que Ted hubiera retirado su candidatura al puesto en CV, llamó una de las «referencias no autorizadas». Se trataba de una antigua empleada de NBC que conocía bien a Ted. Se llamaba Dani, y era la hermana de la novia del hermano de Kim. De entrada no se mostró demasiado comunicativa, pero eso cambió cuando Jeff le aclaró las cosas.

—La verdad es que, al final, Ted decidió no trabajar aquí.

—Está bien —explicó Dani—, entonces supongo que no me necesitáis.

Antes de que pudiera colgar, Jeff la detuvo.

—¿Puedo hacerte una pregunta rápida, Dani? Entre tú y yo. No tienes que responderme si no quieres.

La chica tardó un instante en acceder.

—Por supuesto. ¿De qué se trata?

—Bueno, nuestra cultura se define por... —Jeff hizo una pausa, buscando una palabra o frase que fuera precisa pero no ostentosa. Se decidió por «la humildad y la modestia».

Continuó.

—Nos preocupaba que Ted pudiera haber sido... —de nuevo una pausa— demasiado sofisticado para nosotros, no sé si sabes a qué me refiero.

Dani se echó a reír.

—Oh, creo que sé a qué te refieres.

Antes de que Jeff pudiera decir algo, ella continuó.

—Y deja que te diga que «humilde» no sería la palabra que escogería para describir a Ted.

—Bien —dijo Jeff—. Te agradezco tu sinceridad.

Al cabo de unos días, fue el contacto de Clare el que llamó. Era un antiguo cliente de Ted, y fue menos delicado que Dani.

—Escucha, Jeff. Conozco a Bob Shanley, y si de lo que hablamos es de personalidad o cultura, él y Ted no se parecen en nada. En mi opinión, te has librado de una buena. Dejémoslo así.

Clare y Bobby sintieron un alivio tremendo cuando se enteraron de estas referencias. Aun así, alguno de los tres ejecutivos se sentiría proclive a expresar alguna esporádica duda sobre el sistema de la humildad, el hambre y la empatía y si con eso sería suficiente. En tales ocasiones, los otros responsables tendrían que convencerle de que confiara en el modelo.

Por supuesto, la única manera de saberlo sería ponerlo a prueba.

UN MES MÁS TARDE

No habían transcurrido ni treinta días desde que Craig se trasladara al «despacho de los ejecutivos» y que todos se comprometieran de lleno con el nuevo modelo de contratación, y las cosas en CV habían cambiado por completo. Todos los puestos disponibles habían sido cubiertos con jugadores de equipo, y las dos obras iban más adelantadas de lo previsto. Todos los empleados que carecían de humildad, hambre y empatía habían decidido marcharse de la empresa por propia iniciativa y sin rencor.

Jeff se sentía tan feliz que literalmente flotaba por las oficinas sin tocar el suelo con los pies. Así fue como supo que estaba soñando.

Cuando se despertó, empezó a pensar de inmediato en la obra del hospital y en si alguna vez conseguirían dotarla del personal adecuado. Aparte de eso y de unas cuantas cuestiones tácticas más, en general se sentía satisfecho con el proceso que estaba en marcha en la empresa. Quizá la parte más importante de dicho proceso fuera el nuevo programa de contrataciones que Clare había implantado.

Basándose en lo que ella y sus colegas habían aprendido en el proceso de definir la humildad, el hambre y la empatía y con la experiencia de ponerlo todo a prueba con Ted y otras personas, Clare había puesto en marcha un programa de formación sumamente sencillo destinado a todas las personas que participarían en el proceso de contratación. Desde la captación de empleados con mentalidad de jugadores de equipo hasta su evaluación durante las entrevistas, todos los responsables de contratación comprendieron lo esencial del sistema basado en la humildad, el hambre y la empatía, y el papel que tenían que desempeñar para hacer realidad el modelo en CV.

En cuanto a la contratación en sí, todavía no habían logrado sus objetivos en términos cuantitativos. Sin embargo, esa preocupación se vio compensada por la calidad de varias personas con mayor experiencia que habían contratado, personas que tendrían que desempeñar funciones esenciales en la construcción del hotel y la ampliación del hospital. Con ellos a bordo, a Clare le pareció que la contratación se volvería más fácil, toda vez que tendría a más personas buscando la clase de empleados que encajaran con la cultura de la empresa.

Una de las victorias morales más importantes que había logrado el equipo fue volver a contratar a Pedro, uno de los capataces que se habían marchado en medio de la tensión y las intrigas reinantes en Oak Ridge. La clave para recuperarlo estuvo en la pasión de Bobby por la nueva cultura que se estaba instaurando en CV y en la humildad de Nancy.

Ante la insistencia de Jeff, Nancy se sentó con Pedro y reconoció haberle fallado al no enfrentarse a los problemas que habían envenenado Oak Ridge. Más tarde, Pedro le diría a Bobby que Nancy jamás le había hablado así con anterioridad, y que si ella era una señal de lo que estaba sucediendo en la empresa, estaría encantado de formar parte de la misma.

Jeff se sentía tan satisfecho con los progresos de Nancy que decidió dedicar tres días completos a reunirse con cada uno de los diecisiete capataces y jefes de proyecto de la empresa y volver a entrevistarlos. Con aquellos que parecían no tener carencias de humildad, hambre y empatía, utilizó la conversación para reforzar su compromiso de contratar empleados que fueran jugadores de equipo y garantizar que todos los jefes de CV estuvieran preparados ya para asumir la responsabilidad de proteger la cultura.

Con el grupo de líderes con manifiestas carencias de humildad, hambre o empatía, adoptó un planteamiento más directo. Tras llegar al acuerdo de que necesitaban mejorar en uno o más de los citados aspectos, les aseguró cortésmente tres cosas: primero, que la mejoría no era optativa; segundo, que recibirían apoyo de sobra en su preparación, y tercero, que si decidían desvincularse, no pasaba nada.

Solo dos personas prefirieron marcharse. A una de ellas Jeff la convenció para que se quedara, ya que sabía que el motivo de la empleada para marcharse era solo la vergüenza de haber sido llamada a capítulo por su problema. La otra, un capataz especialmente conflictivo llamado Tom, no encontró ninguna oposición por parte de él. Además, la propia Clare se sintió aliviada cuando Jeff le comunicó que aquel se marcharía voluntariamente.

—¿Sabes? —le dijo Clare después de que Jeff acabara con la última de la nueva tanda de entrevistas—, estos dos proyectos no van a ser fáciles.

Él sonrió y no le llevó la contraria.

—Pero hace años que no estaba tan emocionada.

—Yo tampoco —admitió él—. Yo tampoco.

UNOS SEIS MESES MÁS TARDE

Aunque el nuevo modelo de cultura empresarial estaba ya firmemente instaurado, a Jeff le preocupaba que los proyectos del hospital y el hotel no marcharan como una seda.

Bobby no estaba tan preocupado.

—No pasa nada, jefe. Ningún proyecto está a salvo de problemas. Es lo normal.

Aun así, Jeff había esperado que todo fuera significativamente mejor de lo normal.

—Me parece que a estas alturas las cosas deberían ser mucho más predecibles.

En cuanto a los jefes que habían sido entrevistados de nuevo por Jeff y aceptado un plan de perfeccionamiento, solo uno había tenido que ser despedido cuando se hizo evidente que el hambre no formaba parte de su personalidad. Los demás estaban haciendo avances, aunque Clare no estaba muy segura de que uno o dos fueran a seguir allí a largo plazo.

Esto también preocupaba a Jeff, que consideraba que las situaciones personales ya deberían estar totalmente resueltas.

—Vamos, Jeff —le exhortó su jefa de personal—, estamos casi donde teníamos que estar en materia de contratación, los clientes ni siquiera están cerca de despedirnos y todo marcha en la dirección correcta. Si hace seis meses me hubieras dicho que seguiríamos existiendo a estas alturas, hubiera apostado en contra.

Aunque él no pudo discutirle su afirmación, seguía preocupándole que un par de personas que quizá no eran jugadores de equipo siguieran en CV.

—Sí —explicó Clare—, y sabemos exactamente quiénes son y qué hay que hacer para arreglar el problema. Tienes que recordar cómo estábamos hace un año y cómo trabajan la mayoría de las empresas.

Tal como se había acostumbrado a hacer desde su ascenso, Craig reprendió amablemente a Jeff.

—No dejes que la perfección se convierta en enemiga de lo bueno.

Bobby se sumó a la reconvención.

—Sí. Ya no eres consultor. Esto es la realidad, y la aceptaré.

Aunque para Jeff fue un gran consuelo las palabras tranquilizadoras de sus experimentados compañeros, sabía que siempre había sido un poco paranoide. Y ser un poco paranoide formaba parte de su trabajo, decidió. Aun así, no estaba dispuesto a cambiar de rumbo. Había hecho su apuesta, y tenía que dar tiempo al tiempo.

UN AÑO MÁS TARDE

Al cumplirse un año de la intervención quirúrgica de Bob, muchos aspectos habían cambiado sustancialmente en CV, mientras que otros seguían siendo en gran medida los mismos.

El propio Bob gozaba de buena salud y de una verdadera jubilación, aunque de vez en cuando se pasaba de visita por las oficinas con su esposa, Karen. Siempre evitaba hablar demasiado del negocio con Jeff, limitándose a realizar comentarios relacionados con el trabajo para tomarle el pelo, como cuando le decía: «¿Lo ves?, ya te dije que saldría bien.»

Craig se había afianzado plenamente como ejecutivo y colaboraba estrechamente con Bobby en la supervisión diaria de los dos proyectos principales, e incluso tenía a Nancy Morris, de la que solía decir que era su mejor empleada, bajo su control directo. El grupo de los cuatro ejecutivos se habían unido más con la incorporación de Craig, y se hacía inimaginable no tenerle en el equipo.

Pero donde se podía apreciar de forma más patente el principal cambio logrado por el modelo de la humildad, el hambre y la empatía era en recursos humanos, y no hablamos del departamento, sino de la función. Aunque Clare y su reducido equipo estaban involucrados en el mantenimiento de la cultura, Jeff había dejado claro que su equipo de liderazgo, y las personas que respondían directamente ante este, eran los responsables de garantizar que en CV prevalecían la humildad, el hambre y la empatía. Tampoco paraba de recordarles permanentemente que en ello no había nada de teórico ni de sentimental.

Desde las entrevistas y la orientación a las evaluaciones de rendimiento y las decisiones sobre las remuneraciones, «las tres virtudes», como acabaron siendo conocidas, tenían que ser temas habituales de conversación. Y, por supuesto, había un programa de formación directa y práctica en torno a las cinco manifestaciones conductuales del trabajo en equipo: la confianza, el conflicto, el compromiso, la responsabilidad y los resultados. Estos cursos habían aumentado su eficacia con los participantes que compartían las tres virtudes fundamentales.

Desde un punto de vista práctico, había unos cuantos indicadores de que la actividad empresarial de CV había cambiado de resultas de la claridad sobre el trabajo en equipo.

En primer lugar, para la contratación de personal la empresa prácticamente ya no dependía de cazatalentos y agencias externas a medida que cada vez más empleados, desde contratistas a capataces, buscaban un empleo en CV valiéndose de amigos y recomendaciones.

En segundo lugar, la moral en la empresa era innegablemente más alta, y el número de rotaciones había descendido significativamente. Aun así, Jeff se mostró inflexible en cuanto a que las rotaciones no deberían desaparecer por completo: «Si nadie se va, o no se le pide a nadie que se vaya, entonces es que seguramente no estamos viviendo verdaderamente esos valores.»

Por último, y lo más importante desde el punto de vista de la demostración de que el modelo funcionaba, la satisfacción de los clientes para los que construían el hospital y el hotel era más alta de lo que Jeff y sus equipos podrían haber esperado. Aunque hubo que resolver conflictos y surgieron problemas inesperados en momentos inoportunos, la manera en que la empresa se recuperó y abordó tales cuestiones ya no inspiró pánico ni heroísmo. Una nueva confianza, aun en las situaciones más conflictivas, impregnó las oficinas y obras de Construcciones Valley.

De todos los ejecutivos de CV, fue Bobby quien de forma más precisa y tajante explicó cómo los beneficios de la humildad, el hambre y la empatía habían cambiado la empresa.

Al final de la reunión del cuarto trimestre del equipo ejecutivo, celebrada fuera de la empresa, cuando los cuatro líderes estaban valorando la salud general de la organización, Bobby proclamó.

—En mi opinión, lo mejor que ha sucedido en este último año es que casi nos hemos convertido en una zona sin cretinos. Con independencia de lo que ocurra y de los problemas que podamos afrontar, dame una habitación llena de personas que no sean unas cretinas, y estaré encantado de hacerme cargo.

Tras lo cual arrojó una camiseta a Jeff, que la sujetó en alto para dejar a la vista la palabra «cretino» rodeada por un círculo y atravesada por una raya.

Aunque Jeff sabía que jamás llegaría a ponerse esa camiseta, la guardó en un cajón de su mesa como recordatorio de su principal responsabilidad como líder de la empresa.

EL MODELO

LAS TRES VIRTUDES DE UN JUGADOR IDEAL DE EQUIPO

Esta parte del libro está dedicada a entender el modelo de jugador ideal de equipo, qué significa, de dónde proviene y cómo se puede llevar a la práctica. Empecemos por el panorama general.

En su libro clásico, *Empresas que sobresalen*, Jim Collins habla de la importancia de que al autobús de las empresas con éxito «suban las personas adecuadas», un eufemismo con el que alude a la contratación y conservación de los empleados que encajen en la cultura de la empresa. Este es un concepto relativamente sencillo y lógico. Sin embargo, suele ser pasado por alto, ya que muchos líderes contratan basándose sobre todo en la capacidad y los conocimientos técnicos.

Para las organizaciones seriamente comprometidas con convertir el trabajo en equipo en una realidad de su cultura, estoy convencido de que las «personas adecuadas» son las que tienen en común esas tres virtudes: humildad, hambre y empatía. Me refiero a ellas como virtudes porque la palabra «virtud» es sinónimo de «calidad» y «activo», pero también conlleva la idea de integridad y moralidad. La humildad, que es la más importante de las tres, es sin duda una virtud en el sentido más profundo de la palabra.

Hambre y empatía pertenecen más a la categoría de la calidad o el activo. Así pues, la palabra «virtud» las refleja a todas.

Como es natural, para reconocer y promover a los miembros humildes, con hambre y empatía de un equipo, o para convertirse en uno, lo primero que se necesita es comprender con exactitud lo que estas tres palabras engañosamente sencillas significan y la manera en que «las tres juntas» constituyen las virtudes esenciales del jugador ideal de equipo.

LA DEFINICIÓN DE LAS TRES VIRTUDES

HUMILDAD

En el contexto del trabajo en equipo la humildad es, en buena medida, lo que parece ser. Los jugadores de equipo que destacan carecen de un ego desmedido y no les preocupa el estatus. Estas personas se apresuran a señalar las contribuciones de los demás y son remisos a la hora de recabar atención para sí mismos. Además comparten el mérito, ponen al equipo por encima de ellos y definen el éxito como algo colectivo antes que individual. Así pues, no resulta sorprendente que la humildad sea el atributo individual más importante e indispensable de un jugador de equipo.

Lo sorprendente es que tantos líderes que valoran el trabajo en equipo toleren a personas que no son humildes. Contratan a regañadientes a personas egocéntricas y luego lo justifican simplemente porque tales personas poseen los cono-

> La humildad es el atributo individual más importante e indispensable de un jugador de equipo.

cimientos deseados. O bien ven el comportamiento arrogante de un empleado y no toman cartas en el asunto, invocando a menudo como excusa las aportaciones individuales de esa persona. El problema, claro está, es que los líderes no consideran el efecto que una persona arrogante y egocéntrica ejerce sobre el rendimiento general del equipo. Esto ocurre en los deportes, en la empresa y en todas las demás clases de proyectos en equipo.

Existen dos tipos básicos de personas que carecen de humildad, y es importante, y hasta crucial, comprenderlos, porque son diferentes entre sí y repercuten en el equipo de forma distinta. El tipo más evidente es el de las personas abiertamente arrogantes que lo centran todo en ellas. Son fáciles de identificar porque tienden a alardear y a acaparar la atención. Es el tipo clásico de persona que se mueve por el egoísmo y que menoscaba el trabajo en equipo al favorecer el resentimiento, la división y las intrigas. La mayoría hemos visto este comportamiento numerosas veces a lo largo de nuestras carreras profesionales.

El siguiente tipo es mucho menos peligroso, pero aun así vale la pena comprenderlo. Se trata de las personas que carecen de confianza en sí mismas, aunque son generosas y positivas con los demás. Así, suelen minimizar sus propios talentos y aportaciones, y en consecuencia los demás las consideran erróneamente humildes. Pero esto no es humildad. Si bien a todas luces no son arrogantes, su incapacidad para comprender su propia valía es también una violación de la humildad. La gente verdaderamente humilde no se ve a sí misma superior a lo que son, pero tampoco desprecian sus talentos y contribuciones. C. S. Lewis hablaba de este equívoco sobre la humildad cuando dijo: «La humildad no es pensar menos de ti mismo, sino pensar menos en ti mismo.»

Una persona con un sentido de la propia valía desmesuradamente reducido a menudo perjudica a los equipos por no defender sus propias ideas o por no llamar la atención sobre los problemas que observa. Aunque esta clase de falta de humildad es menos perturbadora y evidente que otros tipos más negativos, no obstante hace mella en el rendimiento óptimo de los equipos.

Lo que ambos tipos tienen en común es la inseguridad. La inseguridad provoca que algunas personas transmitan un exceso de confianza en sí mismas y otras minimicen sus propios talentos. Y si bien estos tipos no son iguales en lo tocante a la naturaleza de los problemas que crean en un equipo, uno y otro menoscaban el rendimiento.

HAMBRE

Las personas con hambre siempre están buscando algo más. Más cosas que hacer; más que aprender; más responsabilidades que asumir. La gente con hambre casi nunca tiene que ser presionada por un jefe para trabajar más, porque es emprendedora y diligente. Estas personas están pensando permanentemente en el paso siguiente, en la siguiente oportunidad. Y detestan la idea de que puedan ser considerados vagos.

No es difícil comprender por qué es fantástico contar con personas así en un equipo, aunque es importante reparar en que algunos tipos de hambre no son buenos para un equipo y que incluso son malsanos. En algunas personas, el hambre puede estar orientada en un sentido egoísta que no busca el bien del equipo, sino el del individuo. Y en algunas otras, el hambre puede ser llevada al extremo de que el trabajo adquiera demasiada preponderancia, consumiendo la identidad del empleado y dominando su vida. Cuando hablo de hambre, estoy pensando en la clase saludable, la que consiste en un compromiso razonable y sostenible de hacer bien un trabajo y dc redoblar los esfuerzos cuando realmente se necesite.

> La gente con hambre casi nunca tiene que ser presionada por un jefe para trabajar más, porque es emprendedora y diligente.

De acuerdo, pocos líderes de equipos ignorarán a sabiendas la falta de hambre en su gente, seguramente porque las personas improductivas y sin pasión tienden a destacar y a provocar problemas evidentes en un equipo. Por desgracia, con demasiada frecuencia los líderes no avezados contratan a estas personas, porque la mayoría de los aspirantes saben cómo transmitir engañosamente un sentimiento de hambre durante las entrevistas normales. De resultas de ello, estos líderes pierden una cantidad desmesurada de tiempo en intentar motivar, castigar o despedir a los miembros sin hambre de su equipo una vez que están a bordo.

EMPATÍA

De las tres virtudes, esta es la que necesita mayores aclaraciones porque no es lo que podría parecer; no se trata de la capacidad intelectual. En el contexto de un equipo, *la empatía* únicamente hace referencia al sentido común al tratar a las personas. Tiene mucho que ver con la capacidad de mantener relaciones interpersonales apropiadas y de estar atento. Las personas empáticas suelen saber lo que está pasando en una situación grupal y cómo tratar con los demás de la manera más eficaz. Hacen buenas preguntas, escuchan lo que dicen los otros y no pierden el hilo en las conversaciones.

Algunos podrían referirse a esto como inteligencia emocional, que no sería una mala comparación, pero la empatía es probablemente algo ligeramente más sencillo. Las personas empáticas simplemente se apoyan en su buen juicio e intuición para abordar las sutilezas de las dinámicas grupales y para valorar el impacto que tienen sus palabras y sus acciones. Por tanto, estas personas no dicen ni hacen cosas —ni dejan de decir y hacer cosas— sin tener en cuenta las reacciones de sus colegas.

> La empatía únicamente hace referencia al sentido común al tratar a las personas.

Tengan presente que ser empático no implica necesariamente tener buenas intenciones. Las personas empáticas pueden utilizar sus talentos para fines buenos o malos. De hecho, algunas de las personas más peligrosas de la historia se han caracterizado por su empatía.

LA COMBINACIÓN DE LAS TRES VIRTUDES

Si piensan que estas tres virtudes parecen hasta cierto punto obvias, sería el primero en darles la razón. Considerándolas individualmente, me resisto a presentarlas de una manera que sugiera que creo que son novedosas o nuevas. Lo que hace poderosas y únicas a la humildad, el hambre y la empatía no son los atributos individuales en sí, sino más bien la necesaria combinación de los tres. La simple ausencia de una de estas virtudes en el integrante de un equipo, hace que el trabajo grupal se haga notablemente más difícil y a veces imposible. Antes de que entremos en ello, este sería probablemente un buen momento para explicar cómo nació el modelo del jugador ideal de equipo.

Lo que hace poderosas y únicas a la humildad, el hambre y la empatía no son los atributos individuales en sí, sino más bien la necesaria combinación de los tres.

LA HISTORIA DEL MODELO

En 1997, un grupo de colegas y yo fundamos una consultoría para empresas, The Table Group. Como habíamos trabajado juntos en un departamento que yo dirigía en una empresa anterior, nos resultó fácil ponernos de acuerdo sobre nuestros valores esenciales: humildad, hambre y empatía. Estos fueron los principios que habían guiado nuestro departamento con anterioridad, y quisimos conservarlos en nuestra nueva empresa. Así que nos comprometimos a contratar únicamente a personas que encarnaran estos conceptos y a evitar adoptar decisiones operacionales o estratégicas que los violaran.

En la labor de consultoría que hacíamos con los clientes no solo contribuíamos a que los líderes crearan mejores equipos, sino que también los ayudábamos a definir con claridad todos los aspectos, desde estrategias, tácticas, funciones y responsabilidades hasta reuniones. Y lo más importante para lo que aquí nos ocupa, sus valores. En el transcurso de las conversaciones sobre estos, inevitablemente los clientes nos preguntaban por los que teníamos en The Table Group.

Bueno, nosotros no hacíamos publicidad de la humildad, el hambre y la empatía. No se encontraban en ninguna parte de nuestra página web ni en ninguno de nuestros materiales adicionales. Nos parecía que mientras los comprendiéramos y nos mantuviéramos fieles a ellos, no había ninguna necesidad real de que nadie más los comprendiera. Sin embargo, cuando los clientes nos preguntaban, nos sentíamos obligados a hacerles partícipes de ellos. Y cuando les hablábamos de la humildad, el hambre y la habilidad, a menudo sucedía algo extraño: los clientes declaraban que ellos también iban a adoptar esos valores.

Desde luego, nosotros poníamos objeciones de inmediato y les explicábamos que los valores de una organización no se pueden copiar ni tomar prestados, que tienen que ser un reflejo natural de la historia y cultura exclusivas de esa empresa. A menudo atribuíamos el interés de los clientes por nuestros valores al oportunismo, o incluso quizá a la pereza, a su deseo de agarrar la primera serie de palabras con una carga positiva, de manera que pudieran declarar terminada su búsqueda de valores. Bueno, al final descubrimos que estábamos equivocados acerca de sus motivaciones y que había una explicación lógica de por qué nuestros clientes querían adoptar la humildad, el hambre y la empatía.

En primer lugar, la cultura de nuestra empresa giraba toda ella en torno al trabajo en equipo, tanto en lo que hacíamos con los clientes como en la manera en que tratábamos de comportarnos internamente, habida cuenta de nuestro compromiso permanente de predicar con el ejemplo. En segundo lugar, prácticamente todas las empresas que nos contrataban ya estaban interesadas en el trabajo en equipo, lo cual es lógico si tenemos en cuenta que sobre todo se nos conocía por el libro *Las cinco disfunciones de un equipo*. En consecuencia, no debería haber sido tremendamente sorprendente pensar que nuestros criterios de contratación y nuestros valores esenciales constituían la definición del jugador de equipo, aunque en ese momento no fuéramos conscientes de ello.

Una vez que caímos en la cuenta, empezamos a analizar bajo otro prisma la importancia que tenían la humildad, el hambre y la empatía para las demás empresas. Esas palabras no eran necesariamente valores esenciales, aunque sí criterios cruciales de contratación y promoción para cualquier organización que deseara que el trabajo en equipo fuera fundamental en su funcionamiento.

Para asegurarnos de que no nos estábamos engañando, nos hicimos la siguiente pregunta: *¿Podría una persona llevar plenamente a la práctica las cinco conductas que son la esencia del trabajo en equipo (véase el modelo de las páginas* 244-245*), si no cree en el modelo de humildad, hambre y empatía?*

La respuesta fue un rotundo «no».

Una persona que no es humilde no podrá ser vulnerable y generar confianza, lo que la incapacita para actuar con sinceridad en un conflicto y considerar a los demás responsables. Y tendrá dificultades para comprometerse con las decisiones que no convengan a sus intereses. Un colega que carezca de hambre no estará dispuesto a participar en un conflicto incómodo, considerar responsables de sus conductas a sus iguales ni hacer lo que sea necesario para obtener resultados, escogiendo en su lugar un camino más fácil. Y una persona que no sea empática creará seguramente problemas innecesarios a lo largo de todo el proceso de formación del equipo, sobre todo en lo tocante a participar con tacto en un conflicto productivo y a considerar a las personas responsables de sus actos.

Después de examinar, discutir y utilizar el modelo en nuestra propia empresa y de ver a nuestros clientes tratar de adoptarlo en las suyas, llegamos al convencimiento de que cualquier líder que quiera hacer realidad el trabajo en equipo debería encontrar y/o promover a las personas humildes, con hambre y empáticas. Para hacer todo esto, los líderes tienen que comprender cómo actúan conjuntamente estas cualidades y qué sucede cuando una o más de ellas está ausente.

EL MODELO DEL JUGADOR IDEAL DE EQUIPO

El modelo de la página siguiente muestra las intersecciones entre la humildad, el hambre y la empatía. La parte de superposición central representa las cualidades combinadas del jugador ideal de equipo. Esto no implica que una persona situada en la sección intermedia sea perfecta en todas esas virtudes ni, ya puestos, en ninguna de ellas. Nadie es perfecto. Incluso una persona humilde, con hambre y empatía tiene de vez en cuando un mal día o una mala semana o incluso una mala época en su vida. Estas tres características no están permanentemente incrustadas en el ADN de una persona; más bien se perfeccionan y mantienen a lo largo de las experiencias vitales y elecciones personales en el hogar y en el trabajo.

Cuando los miembros de un equipo son convenientemente fuertes en cada una de estas tres áreas —cuando poseen dosis notables de humildad, hambre y empatía—, hacen posible el trabajo en equipo al facilitar relativamente a sus miembros resolver las cinco disfunciones de un equipo (véase de modelo de las páginas 244-245). Eso significa que serán más propensos a ser vulnerables y a generar confianza; a participar en conflictos productivos aunque incómodos con los miembros del equipo; a comprometerse con las decisiones del grupo aunque inicialmente estén en desacuerdo; a considerar a sus iguales responsables cuando observen desfases que pueden resolverse, y a anteponer los resultados del equipo a sus propias necesidades.

Solo las personas humildes, con hambre y empáticas pueden hacer estas cosas sin demasiado entrenamiento. Aquellos que no tienen las tres virtudes van a necesitar mucho más tiempo, atención y paciencia por parte de sus jefes.

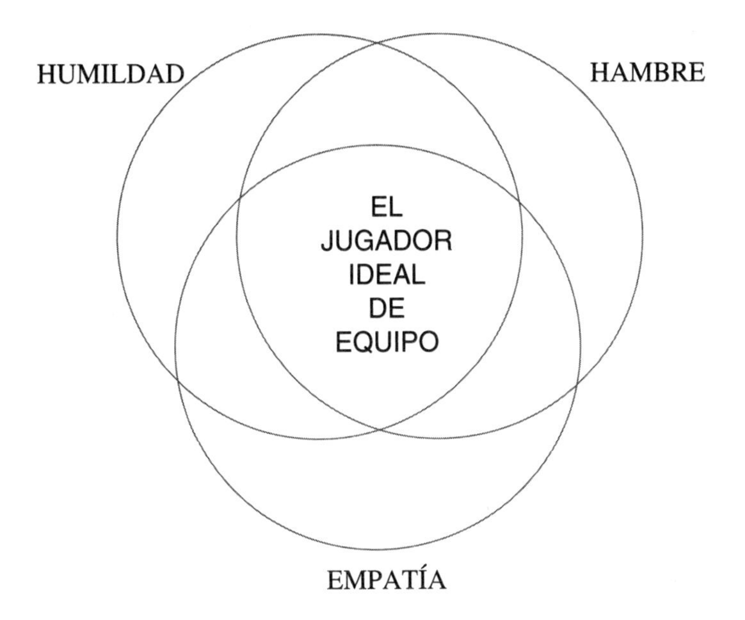

Echemos un vistazo a las diversas categorías de personas, empezando por aquellas que no tienen ninguna de las cualidades necesarias y terminando por los jugadores ideales de equipo que tienen las tres.

LAS CATEGORÍAS

0 de 3

Quienes carecen de las tres cualidades, que muestran una clara falta de humildad y de hambre y de empatía, tienen pocas posibilidades de ser miembros valiosos para un equipo. Se requeriría un gran esfuerzo y un prolongado período de tiempo para que desarrollaran las tres cualidades, por no hablar de dos o incluso una. Por suerte para los jefes, estas personas son muy fáciles de identificar y rara vez superan las entrevistas y se cuelan en los equipos. Por desgracia, la vida puede resultarles muy dura.

1 de 3

Quienes carecen de dos de las tres de manera notable también lo van a tener muy cuesta arriba; no imposible, aunque tampoco fácil. Analicemos estas tres categorías, las relativas a un miembro del equipo que solo posee o humildad o hambre o solo empatía.

Solo humildad: el peón
Las personas que solo son humildes pero carecen por completo de hambre o de empatía son los «peones» de un equipo. Son gente agradable, bondadosa y sin pretensiones que no siente una gran necesidad de hacer cosas y que carece de la capacidad para establecer relaciones eficaces con los colegas. A menudo se quedan fuera de las conversaciones y las actividades y tienen una influencia mínima en el rendimiento del equipo. Los peones no generan proble-

mas, así que pueden sobrevivir durante bastante tiempo en los equipos que valoran la armonía y no exigen resultados.

Solo hambre: la excavadora

A las personas que tienen hambre pero no son nada humildes o empáticas podemos considerarlas unas «excavadoras». Estas personas estarán dispuestas a hacer cosas, pero con la atención puesta en sus propios intereses y sin comprender ni preocuparles el efecto que tengan sus actos en los demás. Las excavadoras son destructores rápidos de equipos. Por suerte, y al contrario que los peones, son gente que destaca y puede ser fácilmente identificada y eliminada por los jefes que valoren realmente el trabajo en equipo. Sin embargo, en las organizaciones que solo conceden una gran importancia a la productividad, las excavadoras pueden prosperar y no corregir sus carencias durante largos períodos de tiempo.

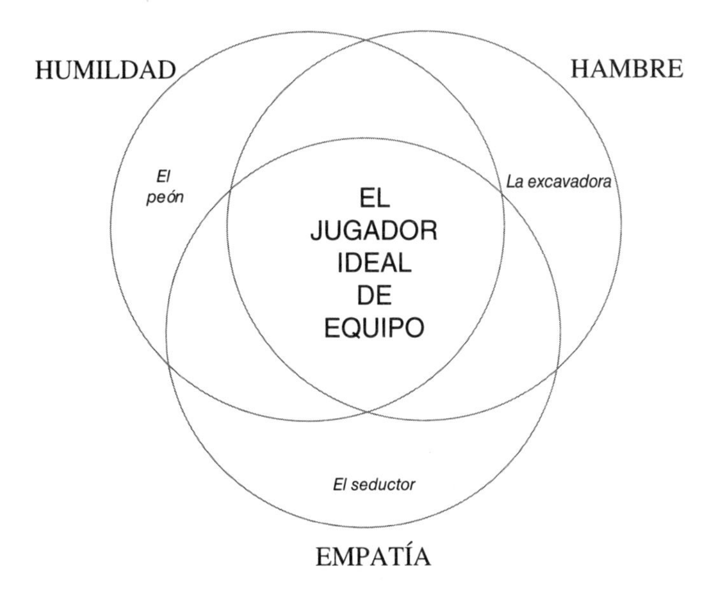

Solo empatía: el seductor

Las personas empáticas pero que carecen por completo de humildad y de hambre son las «seductoras». Pueden ser divertidas y hasta simpáticas durante un tiempo, pero tienen poco interés en el bienestar duradero del equipo o sus colegas. Sus habilidades sociales pueden ayudarles ocasionalmente a sobrevivir más que las excavadoras o los peones, pero puesto que sus aportaciones al equipo son insignificantes, malbaratan rápidamente la acogida de la que son objeto.

2 de 3

Las siguientes tres categorías que analizaremos representan a las personas que son más difíciles de identificar porque las virtudes que llevan aparejadas suelen camuflar sus defectos. Los miembros de un equipo que entran en estas categorías solo carecen de uno de los tres rasgos, y en consecuencia tienen unas probabilidades ligeramente más altas de resolver sus problemas y convertirse en jugadores ideales de equipo. Sin embargo, carecer de manera grave incluso de una única cualidad puede obstaculizar el proceso de creación del equipo.

Humilde y con hambre, pero no es empático: el liante accidental

Las personas que son humildes y tienen hambre pero que no son empáticas son los «liantes accidentales». Tales individuos quieren servir sinceramente al equipo y no están interesados en recibir una atención ni unos méritos desproporcionados. No obstante, no comprender cómo reciben los demás sus palabras y sus actos les conducirá a crear involuntariamente problemas interpersonales en el equipo. Aunque sus colegas respetarán su ética profesional y el sincero deseo de ser útiles, esos mismos colegas pueden cansarse de tener que arreglar los problemas emocionales y sociales que los liantes accidentales suelen dejar a su paso. En la fábula, Nancy era la liante accidental, una empleada trabajadora y relativamente humilde que carecía de destreza social y generaba problemas innecesarios en el equipo.

Aunque el liante accidental puede ser sin duda un problema, de los tres tipos que carecen solo de una de las características del miembro ideal, este es el menos peligroso para el equipo, porque no tiene malas intenciones y generalmente es capaz de aceptar las observaciones disciplinarias con buen humor.

Humilde y empático, pero sin hambre: el vago adorable

Las personas humildes y empáticas pero sin el hambre adecuada son los «vagos adorables». Los englobados en este tipo no buscan una atención inmerecida y son expertos en colaborar con sus colegas y preocuparse por ellos. Tristemente, suelen hacer solo lo que se les pide y rara vez buscan asumir más trabajo o se presentan voluntarios para realizar tareas adicionales. A mayor abundamiento, sienten una pasión limitada por el trabajo que realiza el equipo. Dado que, por lo general, son gente encantadora y positiva, a los líderes les resulta fácil rehuir enfrentarse o eliminar a los vagos adorables. Al fin y al cabo, son adorables.

En la fábula, un personaje secundario llamado Tommy era un vago adorable. Ni era un cretino ni un perezoso irredento, aunque solo hacía lo que se esperaba que hiciera y nada más. En su vida, Tommy sentía pasión por diversas actividades, pero ninguna de tales pasiones iba encaminada al trabajo.

Los vagos adorables precisan de una motivación y una vigilancia considerables, lo que les convierte en una rémora para el rendimiento del equipo, aun en mayor medida que los liantes accidentales. Pero estas personas no son las más peligrosas de los tres tipos que carecen de una de las virtudes; ese honor corresponde a los intrigantes avispados.

Con hambre y empático, pero sin humildad: el intrigante avispado

Las personas con hambre y empáticas pero que carecen de humildad son los «intrigantes avispados». Se trata de personas inteligentemente ambiciosas y dispuestas a trabajar con denuedo, pero solo en la medida que hacerlo les beneficie personalmente. Por desgracia, y dado que son tan empáticos, a los intrigantes avispados se les da muy bien presentarse como humildes, lo que hace que a los líderes les cueste identificarlos y hacer frente a sus destructivas conductas. Cuando el líder se da cuenta de lo que está pasando, el intrigante puede haber sembrado ya un rastro de destrucción entre sus colegas más humildes que han sido manipulados, desanimados y heridos. La mayoría hemos trabajado con muchos intrigantes avispados, toda vez que suelen ascender en el escalafón de las empresas cuyos líderes priman el rendimiento individual sobre el trabajo en equipo.

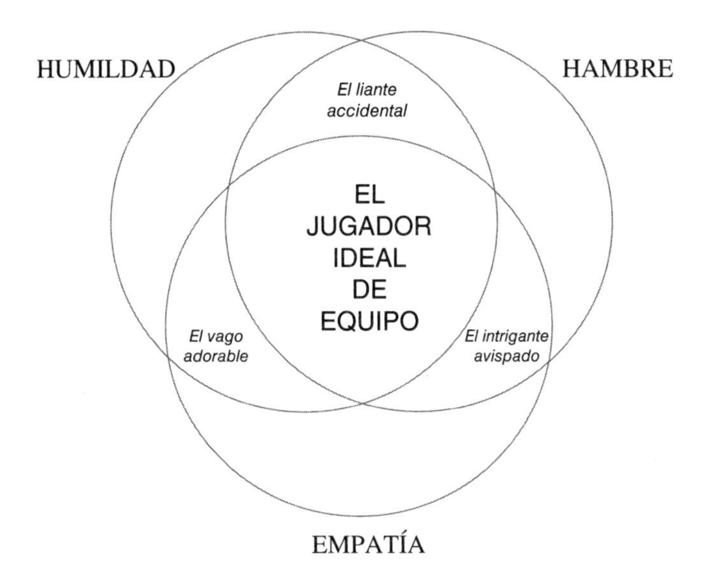

En la fábula, Ted Marchbanks era el intrigante avispado. Todo un profesional, carismático y motivado, por lo que Jeff y su equipo estuvieron a punto de contratarle por estas razones. Al final, resultó que estaba mucho más interesado en sí mismo que en la gente que le rodeaba.

AVISO: Este es probablemente un buen momento para hacer unas pocas advertencias importantes. En primer lugar, recuerden que identificar de forma precisa a las personas caracterizándolas como excavadoras, seductores, peones, liantes accidentales, vagos adorables o intrigantes avispados no siempre es fácil, y no debería hacerse a tontas y a locas. Etiquetar erróneamente al miembro de un equipo, aunque sea en privado o de broma, puede ser dañino. En segundo lugar, no atribuyan estas etiquetas a los colegas que sean realmente jugadores ideales de equipo por la mera razón de que sean *relativamente* más potentes en una de las tres áreas. Por ejemplo, no se refieran al jugador ideal de un equipo que flaquee más en el hambre que en la humildad y la empatía como un vago adorable. Estas clasificaciones quedan reservadas exclusivamente para las personas que carecen *sustancialmente* de uno o más de los tres rasgos.

Los jefes tendrán que ser «empáticos» a la hora de utilizar los términos con sus empleados. Y recuerden, el verdadero propósito de identificar estos tipos no consiste en encasillar a la gente, sino en entender mejor qué es lo que caracteriza a los jugadores ideales de equipo a fin de que podamos reconocerlos o promocionarlos en nuestros equipos.

3 de 3

Humilde, con hambre y empático: el jugador ideal de equipo

Los jugadores ideales de equipo poseen dosis adecuadas de humildad, hambre y empatía. Tienen un ego reducido en lo que respecta a la necesidad de atención o atribución de méritos por sus aportaciones, y se encuentran cómodos compartiendo sus premios o incluso despreciándolos ocasionalmente. Los jugadores ideales de equipo trabajan con energía, pasión y responsabilidad personal, asumiendo todo lo que presumiblemente pueden hacer por el bien del equipo. Por último, dicen y hacen todo lo correcto para ayudar a sus compañeros a sentirse apreciados, comprendidos y tenidos en cuenta, incluso cuando surgen situaciones difíciles en las que se requiere que empleen mano dura aunque les duela. La mayoría podemos recordar haber dirigido o trabajado con jugadores ideales de equipo a lo largo de nuestra actividad profesional, puesto que es gente muy interesante y que deja una profunda huella.

Ahora que conocemos cada una de las tres virtudes y cómo encajan entre sí, podemos analizar la manera de aplicar el modelo.

LA APLICACIÓN

Existen cuatro aplicaciones fundamentales del modelo del jugador ideal de equipo en el seno de una organización: 1) la contratación; 2) la evaluación de los empleados actuales; 3) la formación de los empleados que carecen de una o más de las virtudes, y 4) la incorporación del modelo a la cultura de la empresa. Analicémoslas de una en una.

APLICACIÓN#1: CONTRATACIÓN

La manera más segura de garantizar que el trabajo en equipo se afiance en una organización sería la de contratar exclusivamente a jugadores ideales de equipo. Por supuesto, tal cosa no es posible ni práctica, sobre todo si tenemos en cuenta que la mayoría de los líderes no pueden permitirse el lujo de crear sus equipos de la nada. Pero lo que con toda certeza sí pueden hacer todos ellos es esforzarse al máximo para tratar de captar, seleccionar y contratar a personas humildes, con hambre y empáticas cuando surge la oportunidad de incorporar a alguien nuevo.

Aunque estaría bien disponer de un instrumento de diagnóstico absolutamente fiable para identificar y seleccionar con exactitud a las personas humildes, con hambre y empáticas, por el momento tal instrumento no existe. Pero mediante entrevistas concienzudas y una comprobación selectiva de las referencias, cualquier jefe puede tener un elevado grado de confianza en que las personas que contrate serán jugadores ideales de equipo.

Las entrevistas

La parte más importante de las entrevistas para seleccionar a un jugador de equipo consiste sencillamente en saber qué respuestas y conductas son los mejores indicadores de la humildad, el hambre y la empatía. Y a partir de ahí realizar la entrevista de manera que resulte lo más reveladora posible. Hay infinidad de libros en todo el mundo sobre las entrevistas conductuales que ofrecen una diversidad de modelos e instrumentos. Para mí, la clave estriba en ceñirse a unos pocos conceptos, todos los cuales pueden parecer evidentes, pero que son olvidados con demasiada frecuencia.

Evitar las generalidades

El primero es el más evidente de todos, porque en buena medida es el objeto de esta sección, cuando no de todo el libro. Aun así, merece la pena señalarlo. Muchas entrevistas son tan genéricas que apenas aportan, o no aportan, ninguna información sobre los atributos concretos del entrevistado. Antes bien, dejan a los entrevistadores con unas valoraciones sumamente generales de los candidatos: «Parece una buena persona. Me gusta.» Esto estaría bien si se estuviera buscando a alguien que nos cortara el césped una vez a la semana. Pero si lo que estamos buscando es un jugador de equipo que tenga humildad, hambre y empatía, ser concreto sobre las conductas y atributos buscados es crucial. Más adelante en esta misma sección daré ejemplos de la clase de preguntas que ponen al descubierto estas conductas y cualidades.

Informar de cada entrevista al resto del equipo

Uno de los mayores problemas que observo es el de aplicar a las entrevistas un planteamiento de compartimentos estancos. Esto sucede cuando un grupo de personas dirigen sus propias entrevistas y no hablan de lo que se han enterado hasta después de que la serie de entrevistas ha terminado. El problema radica en que de esta manera una entrevista no es más concreta o eficaz que la anterior.

En lugar de esto, los entrevistadores deberían informar al resto del equipo rápidamente después de cada entrevista, en concreto sobre las observaciones relacionadas con la humildad, el hambre y la empatía. Por ejemplo, si los dos primeros entrevistadores están de acuerdo en que el candidato tiene hambre y es empático, el tercero puede centrarse en la humildad, dedicando más tiempo e investigando más a fondo el aspecto desconocido.

Plantearse las entrevistas en grupo

A menudo me gusta hablar con los candidatos en una sala donde haya varios miembros de un equipo. Esto nos permite compartir la información con más eficacia (por ejemplo: «¿A qué crees que se refería cuando dijo...?»)También nos da una idea de cómo se desenvuelve el candidato con varias personas al mismo tiempo, una aptitud esencial en un equipo. Algunas personas son muy diferentes en el cara a cara de lo que lo son en grupo, y eso es algo que hay que saber.

Hacer entrevistas no convencionales

Resulta asombroso que a medida que nos adentramos en el siglo XXI, la mayoría de las entrevistas sigan siendo las mismas conversaciones forzadas, ensayadas y predecibles que eran hace cuarenta años. El problema no es que sean aburridas o estén anticuadas, sino más bien que son ineficaces para determinar si una persona tiene las aptitudes de comportamiento y valores que encajan en una organización o un equipo.

En cierta ocasión alguien me dijo que la mejor manera de saber si deberías contratar a una persona es hacer con ella un viaje de negocios por todo el país; ver cómo se maneja en situaciones de interacción estresantes y a lo largo de períodos prolongados de tiempo. Aunque esto no sea necesariamente práctico, sí creo que las entrevistas deberían incorporar la interacción con diversos grupos de personas en situaciones cotidianas y durante más de cuarenta y cinco minutos.

A mí me gusta salir de la oficina con un candidato y ver cómo trata con la gente en un entorno imprevisto. Ir a hacer un recado al supermercado o al centro comercial no es una mala idea. Pasar algún tiempo metidos en un coche y ver cómo se comporta cuando no está respondiendo a una pregunta me ayuda a entenderlo mejor. Y recuerden, sea lo que sea lo que haga con el candidato, lo que busco concretamente en cada ocasión son las señales de que es una persona humilde, con hambre y empática.

Hacer las preguntas más de una vez

A esto lo denomino el principio de *Ley y orden*. En esta serie policíaca, los inflexibles policías siempre parecen hacerle a los sospechosos la misma pregunta una y otra vez, hasta que el delincuente termina admitiendo la comisión del delito.

Policía: ¿Asesinó a ese hombre?
Delincuente: No.
Policía: ¿Asesinó a ese hombre?
Delincuente: No.
Policía: ¿Asesinó a ese hombre?
Delincuente: ¡Sí, lo hice! ¡Lo asesiné!

Sí, ya sé, es una exageración, pero esta misma idea se puede aplicar a una entrevista. Hacer una pregunta al entrevistado una vez suele aportar una respuesta general aceptable; hacerle esa pregunta otra vez de una manera distinta podría proporcionarnos una respuesta diferente. Si no les convence la respuesta, háganla una tercera vez de una manera más concreta y obtendrán una respuesta más sincera.

Preguntar qué dirían los demás
Esta sugerencia está relacionada hasta cierto punto con la anterior. En lugar de pedirles a los candidatos que se valoren a sí mismos respecto a una conducta o característica dada relacionada con la humildad, el hambre o la empatía, pregúntenles qué opinarían los *demás* sobre ellos. Por ejemplo, en lugar de preguntarle a alguien si se considera un buen trabajador, hay que hacerle la siguiente pregunta: «¿Cómo describirían tus colegas tu ética profesional?» O en vez de preguntarle a un candidato si se lleva bien con sus colegas, hacerle esta otra: «¿Cómo describiría tu jefe tus relaciones con los colegas?» O he aquí una interesante: en lugar de preguntar a alguien si es humilde, mejor pregun-

tarle: «Si les pidiera a tus colegas que valoraran tu nivel de humildad, ¿qué dirían?»

Algunos entrevistadores pensarán que esto es una obviedad, aunque acto seguido admitirán que no lo hacen a menudo. Otros preguntarán si un cambio aparentemente tan pequeño en la táctica puede modificar algo. Pero hay algo en tener que responder en nombre de otra persona que hace que un candidato sea más sincero. Puede que tenga que ver con la posibilidad de que el entrevistador verifique las referencias o quizá sea una cuestión de no querer tergiversar la opinión de los demás. Sea como fuere, parece que produce unas respuestas más fiables.

Pedir a los candidatos que realicen algún trabajo real

Esto no siempre será posible, puesto que depende de la naturaleza del trabajo. A un médico no se le puede pedir que practique una intervención quirúrgica antes de ser contratado, pero a un redactor, a un gerente de publicidad o a un consultor en gestión sí se les puede dar un proyecto de trabajo simulado. No se trata de conseguir que se haga un trabajo gratis, sino de ver cómo rinden las personas en situaciones reales, de manera que podamos discernir si son humildes, con hambre y empatía.

No ignorar las corazonadas

Si tenemos dudas acerca de la humildad o el hambre o la empatía de una persona, no las ignoremos. Sigamos investigando; las más de las veces, hay algo que provoca esas dudas. Con esto no pretendo disuadir de que se adopte una actitud abierta, pero dar por sentado que esa persona tiene las virtudes de un jugador de equipo cuando no es el caso es una mala idea. Cuántas veces los responsables de contrataciones recuerdan las alertas que vieron durante las entrevistas, aquellas que decidieron ignorar, y se arrepienten de no haber dedicado más tiempo o energía a entenderlas. Aunque nunca es posible tener la certeza *absoluta* cuando se contrata a una persona, las dudas recurrentes sobre la humildad, el hambre y la empatía de un candidato deben ser adecuadamente analizadas y descartadas antes de hacer una oferta.

Asustar a la gente con la sinceridad

Una de mis maneras favoritas de asegurarme de que estoy contratando a personas con humildad, hambre y empatía es ser directo y decirles que esos son los requisitos para conseguir el empleo. Seguramente sea prudente esperar hasta que finalicen las entrevistas para hacerlo, aunque puede que sea la parte más importante. He aquí cómo funciona.

Terminadas las entrevistas, las reuniones informativas y las entrevistas de seguimiento, estamos bastante seguros de que el entrevistado es humilde, tiene hambre y es empático. Pero no del todo. Antes de hacer una oferta al candidato, le aseguramos que estamos total y resueltamente comprometidos con esos principios, y que si un empleado superase como fuera el proceso de entrevistas pero no compartiera ese compromiso, sería desdichado trabajando con nosotros. Informemos a los candidatos de que se les pedirán cuentas una y otra vez por su conducta, y que al final temerán ir al trabajo. Asimismo, hay que asegurarles que si de verdad encajan en la descripción de la persona humilde, con hambre y empática, el trabajo les resultará fantástico.

Muchas personas tratarán de conseguir un empleo aunque no encajen en los valores declarados de la empresa, pero muy pocos lo harán si saben que se les van a pedir cuentas, día sí y día también, por las conductas que violen esos valores. Como es natural, es importante hacer un seguimiento de ese compromiso con los valores en las raras ocasiones en que salte a la vista que el compromiso del candidato es falso.

Muchas personas tratarán de conseguir un empleo aunque no encajen en los valores declarados de la empresa, pero muy pocos lo harán si saben que se les van a pedir cuentas, día sí y día también, por las conductas que violen esos valores.

Preguntas de las entrevistas

Estas son unas cuantas preguntas que nos pueden ayudar a captar la esencia de la humildad, el hambre y la empatía.

Humildad

«Háblame de los logros más importantes de tu trayectoria profesional.» Buscar más alusiones al «nosotros» que al «yo». Por supuesto, no se trata de algo tan simple como contar las respuestas. En el caso de que alguien se refiera a sí mismo individualmente más que como miembro de un equipo, investigar si trabajaba solo o con otros.

«¿Cuál ha sido el momento más bochornoso de tu carrera profesional? ¿O el mayor fracaso?» Observar si el candidato celebra ese bochorno o se apena por ello. En general, las personas humildes no temen contar sus historias poco halagadoras porque están cómodas con ser imperfectas. Asimismo, hay que indagar sobre las referencias reales y concretas de la culpa del candidato.

«¿Cómo afrontaste ese bochorno o fracaso?» Una vez más, se trata de buscar los detalles sobre cómo asumió la responsabilidad, las enseñanzas que extrajo de la situación y si actuó en consecuencia con la enseñanza.

«¿Cuál es tu mayor defecto?» Sí, esta es una pregunta manida, pero sigue siendo importante. La clave estriba en buscar respuestas que sean auténticas y un poco dolorosas. Los candidatos que presentan sus defectos como virtudes («Asumo demasiadas cosas» o «Me cuesta mucho decir que no») a menudo tienen miedo de reconocer las verdaderas carencias. Para evitar esto, me parece una buena idea preparar a los candidatos. «Quiero saber realmente qué es lo que te gustaría cambiar de ti, o mejor aún, lo que tus mejores amigos dirían que tienes que mejorar.» Lo importante de la respuesta no es cuáles son sus defectos (a menos, claro está, que se trate de un asesino en serie), sino si se encuentra cómodo reconociendo algo real.

«¿Cómo te manejas con las disculpas, ya sea pidiéndolas o aceptándolas?» Indagar y preguntar por los detalles. Las personas humildes no tienen miedo de decir que lo lamentan y aceptan las disculpas sinceras de los demás con elegancia. La gente que hace esto suele tener historias concretas.

«Háblame de alguien que sea mejor que tú en un área que te importe de verdad.» Buscar que el candidato demuestre un sincero reconocimiento hacia los que tienen más conocimiento o talento que él. Los humildes se encuentran cómodos haciéndolo. Los ególatras, rara vez.

Hambre

«¿Cuál ha sido en tu vida la ocasión en que más te has esforzado en un trabajo?» Hay que buscar los ejemplos concretos de un sacrificio real pero gozoso. En otras palabras, el candidato no se está quejando, sino que se siente agradecido por la experiencia.

«¿Qué es lo que te gusta hacer cuando no estás trabajando?» Indagar si hay muchas aficiones que requieran una gran dedicación y que sugieran que el candidato considera el trabajo como un medio para hacer otras cosas. Esto no quiere decir que haya una clase concreta de actividad que sea un indicador de que se carece de hambre en el trabajo. Y sin duda no quiere decir que busquemos a alguien que no tenga ningún interés en la vida aparte del trabajo. Pero una lista prolija de aficiones, como el esquí extremo, las carreras de trineos con perro, las persecuciones de tormentas y la pesca del tiburón podrían ser una señal de alarma de que estamos ante alguien que no va a anteponer las necesidades del equipo a los fines personales.

«¿Trabajabas mucho cuando eras adolescente?» Indagar por los detalles, generalmente relacionados con el trabajo escolar, los deportes o los trabajos. Y en cuanto a los deportes, no se trata de la mera participación y de si se lo pasaron bien. Hay que buscar ejemplos de dificultad, sacrificio y dureza. A mí me gusta preguntar a la gente cuánto se esforzaron en el instituto. ¿Intentaron tener éxito? ¿Tuvieron algún empleo? ¿Se entrenaron a fondo en un deporte? No estamos buscando una respuesta concreta, sino más bien algo auténtico que indique que la persona tiene una ética del trabajo. Y por lo general, aunque no siempre, la ética del trabajo se establece en las primeras etapas de la vida.

«¿Qué clase de horario de trabajo sigues?» A la gente trabajadora no suele gustarle trabajar de nueve a cinco, a menos que sus especiales circunstancias vitales se lo exijan. Y si lo hacen, suelen realizar algún trabajo adicional en casa. Esto no quiere decir que algunas personas no estén atascadas en empleos sin futuro de nueve a cinco y estén ansiosos por salir y hacer algo estimulante. Pero si un candidato está satisfecho con un horario fijo y habla en exceso de «equilibrio», existe la posibilidad de que no tenga un hambre tremenda de trabajo. Una vez más, esta no es una prueba decisiva, aunque sí un aviso de peligro. Nada de lo dicho pretende propugnar que la gente deba primar el trabajo sobre la familia. En absoluto. Es simplemente que cuando un candidato se centra mucho en las horas que espera trabajar, es posible que no sea la clase de jugador de equipo con hambre que necesitamos.

Empatía

Evaluar si una persona es empática es difícil de discernir haciendo una pregunta concreta. Lo más importante es observar su conducta general durante las entrevistas y la manera en que responde a las preguntas. Esta es la razón de que sea importante ponerle en situaciones distintas a las de las entrevistas tradicionales. Hay que observar cómo trata a los camareros y camareras, los dependientes y los taxistas. Algunas personas saben enmascarar su torpeza social durante las entrevistas ensayadas, pero durante un período de tiempo más prolongado y en una situación cambiante, eso resulta mucho más difícil.

Dicho lo anterior, he aquí unas cuantas preguntas que pueden servir para determinar si una persona es empática.

«¿Cómo describirías tu personalidad?» Fijarse en la precisión con que la persona describe lo que estamos observando y lo introspectiva que es. Las personas empáticas suelen conocerse a sí mismas y les resulta interesante hablar de sus virtudes y defectos de conducta. Las personas que parezcan desconcertarse o sorprenderse por esta pregunta podrían tener serias carencias de empatía.

«¿Qué haces en tu vida privada que los demás podrían encontrar molesto?» Todo el mundo molesta alguna vez a alguien. Sobre todo en el hogar. Y las personas empáticas no son inmunes a esto, aunque tampoco son ignorantes del hecho y suelen moderar tales comportamientos en el trabajo.

«¿Qué clase de personas son las que más te fastidian y cómo tratas con ellas?» Lo que aquí pretendemos es saber el conocimiento que tiene esa persona de sí misma y su grado de autocontrol. Las personas empáticas conocen sus manías y se hacen cargo de que algunas manías son un problema para ellas. También saben cómo tratar con las personas molestas de una manera constructiva y provechosa.

«¿Te describirían tus antiguos colegas como una persona empática?» o **«¿Puedes ponerme un ejemplo de cómo has demostrado empatía por un compañero de equipo?»** La cuestión es saber si el candidato parece entender los sentimientos ajenos. Bueno, existen ciertas personalidades que son menos empáticas que otras, y no pasa nada. Lo que buscamos aquí es un indicio de que la persona valora la empatía y de si él o ella tienen una idea de sus propias virtudes o defectos en este campo.

Tal vez la pregunta más importante que puedan hacer los entrevistadores para comprobar si un candidato es empático es una que deberían hacerse a sí mismos: **«¿Querría trabajar con esta persona a diario?»** Por lo general, los candidatos empáticos parecen la clase de personas con las que a uno le encantaría estar habitualmente. Por sí misma, esta no es una razón para contratarlas, dado que no garantiza la humildad ni el hambre. Pero sin duda es un obstáculo importante que superar en el largo proceso de escoger a quién contratar.

Referencias del candidato

Además de la entrevista, hay otras maneras de obtener información acerca de si una persona será un jugador ideal de equipo. Una de ellas, por manida y limitada que parezca, es la de verificar las referencias de los candidatos.

Bueno, hay muchísimas personas en el mundo que saben mucho más de esto que yo. Y hay razones sobradas para que las verificaciones de las referencias no sean fáciles en esta sociedad protectora y pleiteadora. Pero cuando no se mira como una protección legal, sino como un instrumento informal que contribuye a garantizarnos que no estamos haciendo desgraciado al equipo o al candidato, puede ser de mucha ayuda. Y muchos de estos mismos principios son aplicables por igual a la verificación de las referencias y a las entrevistas.

Hacer que la persona que proporciona la referencia se sienta cómoda

Es crucial que la persona que proporciona la referencia no sienta que tiene en sus manos el futuro del candidato, porque esto hará que quiera ser excesivamente favorable o, en muchos casos, cauteloso y abstracto. Expliquemos que el propósito de nuestra llamada no es el de preguntar simplemente si el candidato fue un buen empleado, sino más bien si encajaría en el puesto para el que se le está entrevistando. En otras palabras, pidamos a la persona que proporciona la referencia que ejerza las funciones de un consultor cuya labor fuera garantizar que existe una idoneidad que beneficie a todos. Si esto parece deshonesto o tramposo, pensemos que no es nada más que la verdad. Lo único que queremos es describir la cultura del equipo al que se incorporará el candidato y averiguar si la persona que proporciona la referencia cree que hay una coincidencia entre uno y otro. Garanticemos a la persona que da la referencia que no es la única en proporcionar información y que todo lo que diga se mantendrá en la más absoluta confidencialidad y discreción.

Pidamos a la persona que proporciona la referencia que ejerza las funciones de un consultor cuya labor fuera garantizar que existe una idoneidad que beneficie a todos.

Buscar los detalles

Está bien que empecemos pidiéndole a la persona que proporciona la referencia que nos diga qué tres o cuatro adjetivos son los que mejor describen al candidato; podrían ser buenos indicadores de la humildad, el hambre o la empatía. Pero empleemos nuestro tiempo en preguntar por las conductas concretas, y por cuál ha sido, en comparación con otras personas, la experiencia de la persona que proporciona la referencia como superior o compañero del candidato. Debemos adaptar las preguntas de las entrevistas vistas en la sección anterior y comprobar en qué medida concuerdan con lo que dijo el candidato.

Centrarse en los aspectos dudosos

Utilicemos la verificación de las referencias para explorar los aspectos que no tenemos claros en relación con el candidato. Si estamos realmente seguros de la humildad y de la empatía, indaguemos concretamente sobre el hambre. Utilicemos el tiempo con inteligencia y vayamos a las preguntas que pongan de manifiesto las conductas concretas más que las valoraciones generales.

Prestar atención a las referencias que no responden

Cuando quien tiene que dar las referencias aportadas no responde a nuestra petición de información, es posible que no esté entusiasmado con el candidato. No lo olvidemos: el candidato es quien proporciona los nombres de las referencias. A la mayoría de las personas les entusiasma dar una referencia positiva de un antiguo empleado o colega. Cuando no es así, suelen demorarse en hacerlo o lo evitan sin más.

Preguntar por la opinión de los demás

Igual que le preguntaríamos al candidato por lo que los demás dirían de él o de ella, hagámosle la misma pregunta a las personas que proporcionan las referencias. Hacerlo les autoriza a decir: «Siempre consideré que era un buen trabajador, aunque algunos de sus colegas no lo tenían tan claro.» Esto les permite aparentar que no están hablando mal del candidato, aunque al mismo tiempo les facilita compartir una información importante.

APLICACIÓN #2: EL ANÁLISIS DE LOS EMPLEADOS ACTUALES

Otra aplicación sumamente importante del modelo del jugador ideal de equipo es la del análisis o evaluación de los empleados actuales. Al final, dicha evaluación tiene tres posibles resultados: 1) confirmar que el empleado es un jugador ideal de equipo; 2) ayudar al empleado a que mejore y se convierta en uno, y 3) decidir despedirlo.

Por suerte, la humildad, el hambre y la empatía no son rasgos inherentes, sino que las personas que desean asumirlos pueden adoptarlos. Los líderes pueden evaluar a sus colaboradores a la luz de las tres virtudes para ayudarlos a identificar en qué tienen que mejorar por su propio bien y para el del equipo. Este es el resultado deseado.

Sin embargo, se darán situaciones en las que un jefe tiene problemas con un empleado, y el análisis puede servir para identificar la causa de esa dificultad: la falta de humildad, de hambre o de empatía. Si el empleado no está dispuesto o es incapaz de hacer frente a esa limitación, el despido tal vez sea el mejor resultado para el empleado y el equipo.

¿Y qué sucede cuando un jefe no es capaz de decidir si un empleado tiene la voluntad o la capacidad para mejorar? Lo que yo prefiero, y recomiendo, es pecar de precavido y seguir trabajando con ese empleado. ¿Por qué? Porque a mi modo de ver es una tragedia perder a un empleado por motivos equivocados. No solo se genera una situación innecesariamente dolorosa para esa persona, sino que también se priva al equipo de un colaborador potencialmente valioso.

Es importante no malinterpretar mi consejo como una autorización para tolerar a la gente que no encaja. Las más de las veces, los líderes saben que un empleado no encaja y que estaría mejor en otra parte y no actúan por falta de valor. Esto ni es inteligente ni virtuoso. Así pues, mi sugerencia a este respecto solo es aplicable a las situaciones en las que un líder no está nada seguro acerca de la capacidad del empleado para mejorar y cambiar.

¿Y qué es exactamente lo que debería hacer un jefe para evaluar la humildad, el hambre y la empatía de las personas? No existe un diagnóstico cuantitativo fácil de establecer, aunque hay una serie de planteamientos cualitativos fiables que pueden dar un resultado muy bueno.

Análisis del jefe

Hay una serie de preguntas que los jefes pueden hacerse a sí mismos acerca de un empleado dado para determinar la humildad, el hambre y la empatía. He aquí algunas buenas.

Humildad

¿Elogia o felicita sinceramente a sus compañeros de equipo sin titubeos?
¿Reconoce fácilmente la comisión de un error?
¿Está dispuesto a asumir un trabajo de inferior nivel por el bien del equipo?
¿Comparte gustosamente los méritos por los logros del equipo?
¿Reconoce de buena gana sus defectos?
¿Da y recibe disculpas con elegancia?

Hambre

¿Hace más de lo que se le exige en su trabajo?
¿Es un apasionado de la «misión» del equipo?

¿Se siente personalmente responsable del éxito general del equipo?
¿Está dispuesto a colaborar y a pensar en el trabajo fuera de las horas de oficina?
¿Está dispuesto y ansioso por asumir las tareas tediosas y difíciles cuando es necesario?
¿Busca oportunidades para colaborar fuera del ámbito de sus responsabilidades?

Empatía
¿Parece saber qué es lo que están pensando sus compañeros de equipo durante las reuniones e interacciones?
¿Muestra empatía con respecto a los demás integrantes del equipo?
¿Demuestra algún interés por las vidas de sus compañeros?
¿Sabe escuchar con interés?
¿Tiene conciencia del efecto que sus palabras y actos tienen sobre los demás miembros del equipo?
¿Se le da bien adaptar su comportamiento y estilo para encajar en la naturaleza de una conversación o una relación?

El jugador ideal de equipo sería merecedor de un «sí» en casi todas estas preguntas. Si eso se les antoja irreal, retrocedan y estudien las preguntas otra vez e imaginen cuál de ellas sería innecesaria u opcional. Y recuerden: estamos buscando a los jugadores ideales de equipo, no a los idóneos.

La finalidad de plantear estas preguntas no es la de proporcionar a los líderes un indicador cuantitativo y definitivo de la humildad, el hambre o la empatía, sino más bien la de ilustrar su juicio e intuición. En muchos casos, un jefe sabrá de manera intuitiva en qué medida un empleado está a la altura de las tres virtudes sin haber tenido que hacer ningún análisis. En tales situaciones, la valoración puede servir como una manera práctica de verificar dicha intuición.

La autoevaluación del empleado

A mi modo de ver, la manera más eficaz de evaluar a los empleados suele ser la de pedirles que se evalúen a sí mismos. Indudablemente, este no siempre será el caso. Algunos empleados —los que carecen *absolutamente* de empatía— puede que ni siquiera sean conscientes de su limitación. Aquellos que no sean *nada* humildes a menudo carecerán de la autoestima necesaria para admitirlo. Y las personas que a todas luces no tengan hambre se sentirían demasiado avergonzadas para admitir su relativa ausencia de pasión o compromiso con un equipo.

Ahora bien, la inmensa mayoría de los empleados siente una verdadera disposición a responsabilizarse de sus limitaciones, siempre y cuando el proceso esté encaminado a la mejoría y no al castigo y suponiendo que el entorno laboral no esté absolutamente desestructurado. Este planteamiento de la autoevaluación es preferible a otros porque permite a los empleados responsabilizarse de las áreas de perfeccionamiento, al tiempo que minimiza la posibilidad de que surjan las actitudes defensivas y el rechazo.

La mejor forma de permitir que los empleados se evalúen a sí mismos es darles a considerar preguntas explícitas y redactarlas de modo que alienten la sinceridad. Curiosamente, y como en el caso de las entrevistas, la mejor manera de hacerlo es pedirles a los empleados que consideren lo que sus compañeros de equipo dirían de ellos.

Pese a ello, sigue siendo una autoevaluación, aunque basada en conductas observables. Después de todo, un buen jugador de equipo no solo debe tener una actitud correcta, sino que debe mostrar las conductas adecuadas de manera que los demás las vean y las entiendan.

Instrucciones:

Utilice el baremo que se expone a continuación para indicar en qué medida cada afirmación es aplicable a su actuación dentro del equipo. Responda con la mayor sinceridad posible, porque hacerlo le permitirá identificar con la máxima precisión las áreas de mejoría que pueda tener.

Baremo

3 = Frecuentemente   2 = A veces   1 = Rara vez

Humildad

Mis compañeros de equipo dirían que:

____ 1. Los felicito o elogio sin titubeos.
____ 2. Admito mis errores con facilidad.
____ 3. Estoy dispuesto a asumir trabajos de nivel inferior por el bien del equipo.
____ 4. Comparto gustosamente los méritos por los logros del equipo.
____ 5. Reconozco fácilmente mis defectos.
____ 6. Pido y acepto disculpas con elegancia.
____ **Puntuación total de la humildad**

Hambre

Mis compañeros de equipo dirían que:

____ 7. Hago más de lo que exige mi trabajo.
____ 8. Soy un apasionado de la «misión» del equipo.
____ 9. Me siento personalmente responsable del éxito general del equipo.
____ 10. Estoy dispuesto a colaborar y a pensar en el trabajo fuera de las horas de oficina.
____ 11. Estoy dispuesto a asumir las labores aburridas o difíciles siempre que se necesita.
____ 12. Busco las ocasiones para contribuir fuera de mi esfera de responsabilidades.
____ **Puntuación total del hambre**

Empatía

Mis compañeros de equipo dirían que:

____ 13. En general, entiendo lo que piensan los demás durante las reuniones y las conversaciones.
____ 14. Muestro empatía hacia los demás integrantes del equipo.
____ 15. Demuestro interés por las vidas de mis compañeros de equipo.
____ 16. Sé escuchar con atención.
____ 17. Sé el efecto que mis palabras y actos tienen sobre el resto del equipo.
____ 18. Modifico mi conducta y mi estilo para que encajen en la naturaleza de una conversación o una relación.
____ **Puntuación total de empatía**

Puntuación:

Recuerde: el propósito de esta herramienta es el de ayudarle a explorar y evaluar hasta qué punto encarna las tres virtudes de un jugador ideal de equipo. Las exigencias para ser «ideal» son altas. El jugador ideal de equipo contestará pocas de estas afirmaciones con algo que esté por debajo de «3» como respuesta (en líneas generales).

- Una puntuación de 18 o 17 es señal de que la virtud es una cualidad potencial.
- Una puntuación entre 16 y 14 es indicativo de que probablemente tenga que esforzarse un poco en relación con esa virtud para llegar a ser un jugador ideal de equipo.
- Una puntuación de 13 o inferior indica que tiene que mejorar en esa virtud para convertirse en jugador ideal de equipo.

Por último, no olvide que aunque esta herramienta es cuantitativa, el verdadero valor se obtendrá de las conversaciones de desarrollo cualitativas entre los miembros del equipo y sus responsables. No se centre en los números, sino más bien en los conceptos y las afirmaciones individuales donde su puntuación sea más baja.

Un planteamiento más moderado: la clasificación

Si utilizar una valoración como esta resulta un tanto insoportable dadas las intrigas o sensibilidad reinantes en el seno de un equipo o de una organización determinada, aquí se expone un enfoque alternativo. Pidan a los miembros de un equipo que se limiten a clasificar las tres virtudes por sí mismas, empezando por aquella que les parezca que encarnan de manera más clara, siguiendo por la segunda y luego la tercera. Esto permite que todos proclamen sus carencias relativas sin tener que admitir el grado de dicha carencia, y proporciona al jefe y al empleado un lugar por donde empezar a mejorar.

Evaluaciones entre homólogos frente a debates entre iguales

En general, no soy un gran defensor de las evaluaciones entre homólogos, al menos no de las del tipo formal donde los compañeros de equipo evalúan mutuamente por escrito las respectivas virtudes y defectos, y luego, en una reunión posterior, cada uno se entera de cómo ha sido evaluado. Considero que este es un proceso cargado de potenciales malentendidos, intrigas y sufrimiento innecesario.

Cuando se trata de evaluar a los iguales sobre la base de la humildad, el hambre o la empatía, mi oposición es aún mayor. Esto se debe a que tales atribuciones son especialmente personales, y el precio de una evaluación inexacta puede ser la pérdida de la confianza en el seno del equipo. Y este precio es demasiado elevado, sobre todo cuando hay maneras mejores y más constructivas de ayudar a los empleados a conocer aquellos aspectos que deben perfeccionar.

Dicho lo cual, creo que la actividad más eficaz que se produce en torno a cualquier evaluación es el *debate* entre iguales. Sentarse en grupo y hacer que los miembros del equipo desvelen y discutan sus respectivas carencias en relación con la humildad, el hambre y la empatía es una manera eficaz de garantizar que todo eso conduzca al cambio y que los colegas sean los mejores instructores unos de otros. Hablaremos más sobre esto en la siguiente sección.

APLICACIÓN #3: EL PERFECCIONAMIENTO DE LOS EMPLEADOS QUE MUESTRAN CARENCIAS EN UNA O MÁS DE LAS VIRTUDES

Una vez que el líder (o el empleado) se ha hecho una idea clara de las relativas fortalezas y debilidades de sus empleados (o propias) con respecto a las tres virtudes, el proceso de mejora puede dar comienzo. Pero antes de meternos en ello, deberíamos ocuparnos previamente de algunas cuestiones cruciales y aleccionadoras.

¿Cuál es la clave para hacer que el perfeccionamiento funcione? ¿Y qué hacer si no da frutos?

La parte más importante del proceso de perfeccionamiento, y la parte que falta con harta frecuencia, es el compromiso del líder de «recordarle» a un empleado que no está haciendo lo necesario. Sin esto, no habrá ninguna mejora.

Sé que esto parece muy sencillo. Entonces, ¿por qué la mayoría de los jefes no lo hacen? Porque es incómodo. A nadie le gusta decirle a una persona durante cinco semanas seguidas que sigue sin esforzarse más o que no está tratando a sus colegas de una manera socialmente apropiada. Es desagradable y molesto y, sin embargo, es lo que debe hacer todo jefe.

Cuando un jefe acepta este reto una dolorosa semana tras otra, casi siempre sucederá una de estas dos cosas. Primero, el empleado acabará por avanzar, decidido a no seguir escuchando tales recordatorios. Esa persona ascenderá a lo alto de la colina, por decirlo de algún modo, y se dirigirá al otro lado, donde su humildad, hambre o empatía empiezan a notarse. Cuando eso ocurra, se sentirá eternamente en deuda con su jefe.

El otro resultado probable será que el empleado decida de una vez por todas que lo de la humildad o el hambre o la empatía no va con él y se marche voluntariamente. Por suerte, esta persona lo hará con la orientación y las bendiciones de su jefe, y todos considerarán su marcha como la mejor manera de que progrese en su trayectoria profesional. A veces, esa persona no tendrá semejante grado de confianza en sí misma y estará resentida con el jefe y el equipo durante un tiempo. Sea como fuere, habrá tomado la decisión por sí misma, y eso es bueno.

Hay un tercer resultado que debería darse muy de vez en cuando. En algunos casos, un empleado decide que soportará los recordatorios constantes de su jefe acerca de sus problemas, y no se marchará. En ese caso, será necesario tomar medidas legales para apartarlo del equipo, y eso por lo general es un proceso burocrático doloroso para todo el mundo.

Alguien podría decir: «¡Eh, eso pasa constantemente en mi empresa!» La razón de que haya despidos desagradables y hasta juicios en tantísimas empresas es que los jefes dejan de recordar a la gente que no están respondiendo a las expectativas. Así es como sucede en la mayoría de las situaciones.

La jefa le dice al empleado conflictivo que tiene que cambiar para, pongamos por caso, mostrar más hambre. Entonces ve que holgazanea y puede que se lo recuerde una vez. Luego, vuelve a ver la misma actitud en su subordinado y se queja a su marido, o a sus colegas, o peor aún, a otros miembros del equipo que dirige. La situación se prolonga durante semanas o meses, con comentarios pasivo-agresivos por doquier, hasta que por fin ella se harta. Entonces se sienta con el empleado y le anuncia que va a ser despedido, lo que deja pasmado a este último. Sí, pasmado. ¿Cómo puede ser?

Bueno, en opinión de la jefa, a este sujeto se le ha dicho, y él lo sabe, que no muestra suficiente hambre. Por su parte, al empleado le parece que se le ha dicho una vez, puede que dos, y puesto que no ha oído ninguna otra queja, debe de ser que lo está haciendo bien. Está furioso. Ella está furiosa. El jefe de ella está furioso. Los abogados están atareados y felices. Y el equipo vive en el caos.

Una vez más, la solución es hacer saber al empleado constante, repetida, amable y constantemente (sí, lo he dicho dos veces) que tiene que mejorar. Créanme. Casi siempre mejorará o se excluirá voluntariamente. Pero esto no puede ocurrir, y no ocurrirá, si la jefa elude su responsabilidad de decirle al empleado cuál es su posición.

¿Y qué pasa con los jugadores ideales de equipo? ¿Es que no necesitan mejorar también?

La mayor parte de esta sección dedicada al perfeccionamiento se centra en ayudar a las personas que carecen de una de las tres virtudes de una manera relevante. Pero incluso las personas que no son tremendamente deficientes pueden beneficiarse de mejorar una o más de las virtudes en sus vidas. Y puesto que tienen hambre, es probable que de todas formas estén buscando las maneras de mejorar.

La clave para hacer esto es dejar claro que no se trata de un ejercicio de castigo y que el mero hecho de que el miembro de un equipo esté relativamente más bajo en una virtud que en otra no significa que no sea un jugador ideal de equipo. Ideal, en el contexto de este libro, no significa perfecto.

Una vez que todos comprenden que se trata simplemente de una oportunidad para mejorar, el mejor planteamiento suele ser el de utilizar a otros colaboradores ideales como un grupo de entrenadores. Tengamos en cuenta que algunos miembros de un equipo van a estar más fuertes en humildad que otros; hagamos que entrenen a los que les gustaría mejorar en ese aspecto. Otro tanto sucede con el hambre y la empatía. Cuando el jugador ideal de equipo entrena a otros o, por su parte, recibe entrenamiento, el proceso de perfeccionamiento no solo mejora a los miembros del equipo individualmente, sino que también crea un mayor sentido de compromiso y responsabilidad para todo el equipo.

Utilizar la autoevaluación de las páginas **219-221** de este libro es una buena forma de empezar. Los jugadores ideales de equipo disfrutan analizándose a sí mismos y mutuamente para cambiar sus conductas y mejorar su rendimiento.

De acuerdo, volvamos al propósito de esta sección, que es el de ayudar a las personas que carecen incuestionablemente de humildad, hambre o empatía. No existe una única manera óptima de abordar esta cuestión, porque cada persona tiene una serie diferente de causas y de manifestaciones conductuales relacionadas con sus debilidades como miembro de un equipo. Sin embargo, hay una serie de enfoques que sí recomendaría.

Mejorar la humildad

La humildad es la más delicada de las tres virtudes, razón por la cual el proceso de mejoría en este aspecto suele ser el más matizado psicológicamente. Esto se debe a que el origen de la falta de humildad siempre está relacionado en cierta manera con la inseguridad, y en la mayoría de las personas, la inseguridad está enraizada en la infancia y los problemas familiares que se remontan a mucho antes de su primer día en el trabajo o en el equipo.

Bueno, todos somos, en una u otra medida, inseguros. Es importante que alguien que intente mejorar su capacidad de humildad entienda esto, pues de lo contrario es probable que de entrada se sienta demasiado avergonzado o abrumado. Si un jefe o un orientador puede demostrarle los problemas que tiene con la humildad, esto puede hacer que para el empleado sea mucho más fácil conseguirlo.

Identificación de las causas profundas

Sin profundizar en un análisis o terapia psicológica, un jefe o un orientador (o un empleado motivado por su propia cuenta) puede experimentar un considerable alivio identificando la causa general de la inseguridad. Esta puede hallarse en una falta de apoyo por parte de los padres o en una experiencia traumática de carácter profesional o personal. Fuera cual fuese el caso, suele ser sumamente útil para lograr que una persona admita —ante sí misma, su jefe e incluso los compañeros de equipo— de dónde procede su conflicto con la humildad. Solo esto ya puede mejorar en gran medida su capacidad para ser asesorado y despertar la comprensión y el favor de sus colegas.

En ocasiones la causa de los problemas con la humildad, o con las demás virtudes, tiene su origen en el tipo de personalidad del empleado. Mediante los test de Myers-Briggs o DIDC, por ejemplo, a veces es posible predecir qué personas podrían tener más probabilidades de presentar problemas con la humildad. Señalarle esto a un empleado puede ser otro gran motivo de alivio, ya que le permite darse cuenta de que no es una mala persona y que mucha otra gente comparte el mismo tipo de problema. Asimismo, le proporciona una justificación bastante objetiva con la que poder explicarse ante los colegas. Como es natural, esto no es una excusa, sino una explicación que crea el contexto para avanzar.

Terapia de exposición

Además de identificar y admitir la causa de su problema, las personas que carecen de humildad necesitan someterse a un entrenamiento conductista en alguna forma de terapia de exposición. No nos desalentemos por las resonancias clínicas de la palabra. A lo que me refiero es a que los empleados pueden realizar progresos simplemente comportándose como si fueran humildes. Al obligarse de manera intencionada a felicitar a los demás, a admitir sus propios errores y defectos, y a tener interés por los colegas, los empleados pueden empezar a experimentar la liberación de la humildad. Esto sucede porque de pronto se dan cuenta de que prestar atención a los demás no va en detrimento de su propia felicidad, sino que más bien la aumenta. Después de todo, la humildad es la más atractiva y esencial de todas las virtudes.

Permítanme que repita esto, dado que es tan sencillo como importante. De lo que estamos hablando aquí es sencillamente de hacer que los empleados practiquen las mismas conductas con las que tienen problemas, de manera que puedan llegar a comprender las ventajas para sí y para los demás. Una manera de lograr esto es que el empleado haga una lista de las conductas deseadas relacionadas con su esfera de perfeccionamiento y que luego haga un seguimiento de sus propios actos durante cierto período de tiempo. A veces, hacer que un jefe participe de este proceso es útil a los efectos de motivación y verificación.

Pero la mejor manera de todas es hacer que los compañeros de equipo ayuden al empleado, proporcionándole apoyo y haciéndole observaciones de inmediato cuando las virtudes deseadas se pongan de manifiesto o cuando brillen por su ausencia. Si esto parece cursi o infantil, es cualquier cosa menos eso. No hay nada como tener a un compañero que diga: «Eh, te agradezco sinceramente que me hayas apoyado tanto últimamente. Y tu preocupación personal por mí ha producido verdaderos cambios.» Retaría a cualquiera que oyera tal cosa de un colega a que afirme que eso no le haría querer proseguir con esa conducta.

De igual manera, ayuda mucho que un compañero de equipo diga en tono amable: «Escucha, me parece que vuelves a fanfarronear, y nos pediste que te ayudáramos llamándote la atención si volvíamos a ver esa actitud.» Cuando todo un equipo se pone de acuerdo para ayudar a un compañero de mentalidad abierta, incluso en un aspecto tan aparentemente delicado como la humildad, los progresos que se pueden lograr son asombrosos.

El líder como modelo

Otro aspecto importante para la mejoría de un empleado es saber que su jefe valora la humildad y que hace todo lo posible para demostrarlo. Aunque el jefe tenga problemas, su disposición a admitirlo y seguir esforzándose en ello será de gran ayuda para alentar al empleado a hacer otro tanto. Y esto sucede por igual con las tres virtudes, además de con cualquier otra conducta que se persiga relacionada con el trabajo.

Mejorar el hambre

El hambre es, de las tres, la virtud menos delicada y con menos matices. Esta es la buena noticia; la mala, que de acuerdo con mi experiencia es la más difícil de cambiar.

Aunque para un empleado sea tentador restar importancia a su falta de hambre, a la larga le resulta difícil negarla debido a la naturaleza observable, y a menudo cuantificable, de la virtud. Ya sea por el ritmo de trabajo y el rendimiento o por la consecución de objetivos y las horas trabajadas, no es difícil demostrarle a un empleado que parece tener menos hambre que sus colegas.

Por desgracia, aun cuando reconozca que tiene un problema en este aspecto, conseguir que llegue a tener realmente hambre es difícil. Recuerden, no se trata simplemente de que incremente su ritmo; existen métodos y herramientas de sobra relacionadas con la fijación de objetivos y la gestión del rendimiento para hacerlo. Se trata en realidad de transformar al empleado, de manera que en última instancia sea capaz de personificar la idea de ir más allá y no necesitar ya acicates ni recordatorios añadidos.

¿Y por qué esto es tan difícil? Supongo que porque una persona que carece de hambre a veces prefiere ser así, al menos en el contexto concreto de un equipo determinado. En otras palabras, para algunas personas, tener menos hambre que los demás presenta sus ventajas. Más tiempo libre; menos responsabilidad; más atención a otras actividades preferidas. Esto no quiere decir que alguien que prefiere estas cosas sea una mala persona; pero con bastante frecuencia será un mal miembro de un equipo. (Sí, sé que esto parece políticamente incorrecto, pero es la verdad. Muchas personas divertidas, talentosas y simpáticas no son buenos jugadores de equipo en el trabajo, porque su hambre está dirigida a otras actividades al margen de sus empleos.)

Comparen el hambre con las otras dos virtudes: la humildad y la empatía. A diferencia del hambre, nadie quiere carecer de humildad, porque inevitablemente eso provoca dolor y sufrimiento en la persona y en los que le rodean. Solo el autoengaño conduce a una persona a afirmar que carecer de humildad es beneficioso. En nuestro fuero interno, todos sabemos que es lamentable.

Otro tanto cabe decir de la empatía. Nadie escoge intencionadamente carecer de sensibilidad social o destreza para las relaciones interpersonales. El coste de no ser empático, que va desde la turbación a la insensibilidad involuntaria, es grande, y no presenta ninguna ventaja.

Por su parte, carecer de hambre puede ser en realidad una característica deseada en algunas personas. Aunque no para todo el mundo. A muchas personas que carecen de hambre nada les gustaría más que estar plenamente comprometidas con el trabajo y ser más productivas. Lo importante aquí es que algunas personas parecen preferir realmente el abandono y la rutina, e invertir en ellos no va a reportar importantes beneficios.

Lo esencial es averiguar a qué personas que carezcan de hambre les gusta realmente ser así y a cuáles no, y luego apoyar a las que quieren cambiar y ayudar amablemente a las demás a encontrar un trabajo que no requiera esta virtud.

Pasión por el cometido y el equipo

El primer aspecto y el más importante para ayudar a esa persona a que desarrolle el hambre es encontrar la manera de conectarla a la importancia de la labor que se realiza. Hasta que esto no se consiga, un jefe no puede esperar grandes cambios.

Muy frecuentemente, los empleados tienen problemas para desarrollar el hambre porque no entienden la conexión entre lo que hacen y la repercusión que ello tiene en los demás, ya sean clientes o proveedores, u otros empleados. Pedirle a alguien que sea un jugador de equipo más involucrado y dedicado no servirá de mucho si ese empleado no considera que el trabajo que hace le importe a alguien. Y no, querer conservar el empleo no es la clase de motivación que convierte a un empleado aletargado en uno despierto.

La manera más eficaz de lograr esto es hacerlo en equipo. Cuando un empleado ligeramente falto de hambre oye a sus colegas describir su motivación y conexión con la misión, es posible que suceda una de estas dos cosas buenas: que acabe «contagiado» por la pasión de sus compañeros de equipo, o que, aunque eso no ocurra, pueda llegar a darse cuenta de que desempeña un papel importante contribuyendo a que aquellos hagan realidad su pasión. Solo una persona con una auténtica falta de hambre podría exponerse a todo esto y seguir impasible.

Expectativas claras

Otra parte indispensable en el desarrollo del hambre de un empleado (suponiendo que tenga las herramientas y conocimientos exigidos) es la de establecer unas expectativas de conducta claras para él y luego hacerle responsable de tales expectativas. Sí, ya sé que esto parece ridículamente evidente, pero para aquellos que carecen de hambre es de una importancia capital. Pero aunque también es importante establecer metas y objetivos de rendimiento para estas personas, lo es aún más aclarar las conductas que queremos de ellos.

Por ejemplo, una cosa es especificar cuánta productividad esperas de alguien para que conserve su trabajo; incluso un empleado sin hambre a menudo cumplirá con las exigencias mínimas. Otra cosa completamente diferente es decirle que esperamos que ayude a que sus colegas alcancen sus cifras haciendo cualquier cosa que ellos necesiten, incluyendo asumir más responsabilidades, trabajar más horas (suponiendo que se lo permitan sus condiciones de vida) o investigar más a fondo los problemas hasta que estén resueltos.

Un empleado que prefiera no tener hambre retrocederá al oír esto, ya sea de forma inmediata o tan pronto como vea que se le van a pedir responsabilidades por su conducta. Una vez más, si este es el caso, hay que ayudarle amablemente a encontrar un trabajo que no requiera tener hambre en otra empresa. Hay muchos sitios y oportunidades que no requieren mucha hambre. Pero un empleado que en su fuero interno desee tener hambre reaccionará ante las expectativas más claras con determinación, garantizándose la orientación y el apoyo de su jefe y compañeros de equipo.

Recordatorios no demasiado amables

Incluso un empleado con un fuerte aunque latente deseo de hambre no se transformará de inmediato. Los hábitos del letargo se van asentando a lo largo del tiempo, y por consiguiente lleva algún tiempo erradicarlos. Para conseguir que esto ocurra, los jefes y compañeros de equipo tendrán que vencer sus reticencias a no llamarle la atención a un miembro sin hambre cuando observen las conductas que este necesita modificar. Esperar a una evaluación de rendimiento para decirle que no está haciendo lo suficiente para ayudar al equipo o incluir esa información en el programa anual de observaciones generales no solo es irresponsable, sino cruel.

Lo que el empleado necesita es a alguien que le haga un comentario inmediato e inequívoco, de manera que pueda digerir rápidamente la molestia y traducirla en deseos de cambiar. Y esto tiene que suceder una y otra vez, puede que todos los días durante un tiempo, hasta que la conducta se modifique. Sí, esto exigirá un aliento, un apoyo y una paciencia aplicados desde la discreción durante las primeras etapas; de lo contrario, el miembro del equipo bienintencionado puede sentir la tentación de rendirse. Pero en la mayoría de los casos de desarrollo personal, la respuesta es la reprimenda cariñosa. Y aunque la mayor parte de los líderes comprenden esto en la teoría, muy frecuentemente tratan de abordar el problema omitiendo la reprimenda o el cariño, y a veces ambos.

El estímulo

Ello nos lleva al siguiente consejo, que aunque evidente, las más de las veces se ignora. Cuando un empleado sin hambre empieza a mostrar indicios de tenerla hay que elogiarlo públicamente y hacer que los compañeros de equipo hagan lo propio. ¿Que podría sentirse un poco avergonzado? ¡Y a quién le importa! ¿Que parecerá que se le está recompensando por una conducta que en todos los demás se da por descontada? Sí, pero este empleado lo necesita más que los demás, y estos lo saben. Con el tiempo, ese aliento y reconocimiento extras dejarán de ser necesarios. Pero hasta que el hambre se convierta en una herramienta más de su comportamiento, hay que seguir así. Y recuerden, los que intenten ser humildes o empáticos también necesitarán su ración extra de aliento. Si tienen empleados a los que les molesta la atención especial que reciben esas personas, puede que quieran analizar si son realmente humildes.

El líder como modelo

Tal como expuse en la sección anterior, un aspecto importante de la mejoría de un empleado es que este sepa que su jefe tiene hambre y que hace todo lo posible para demostrarlo. Aunque ocasionalmente el jefe tenga problemas con esta virtud, su disposición a admitirlo y seguir esforzándose en ella supone un gran paso para ayudar a que el empleado haga otro tanto.

Mejorar la empatía

Ayudar a alguien a mejorar su empatía no es un asunto tan sensible como la humildad ni, dependiendo de la persona, tan difícil como el hambre, porque cualquiera que muestre carencias a este respecto es muy probable que quiera mejorar. Sin embargo, plantea sus dificultades.

La clave para ayudar a alguien a mejorar su empatía es dejar claro, a todos los afectados, que una carencia en esta materia no es intencionada. Los empleados que carecen de empatía no desean crear problemas personales con sus compañeros; sencillamente no captan los matices de las situaciones interpersonales y no parecen percatarse del efecto que sus palabras y sus actos tienen en los demás. Si esa persona y sus compañeros de equipo lo saben y se lo recuerdan a sí mismos constantemente, el proceso para ayudarla a mejorar su empatía se simplificará notablemente y será más eficaz.

Si los compañeros de equipo cometen el error de creer que esa persona trata realmente de crear dificultades por algún motivo oculto, probablemente empezarán a estar molestas con ella y, lo que es aún peor, a tener miedo de prestarle la ayuda que necesita.

Adiestramiento básico

A la persona que no es empática se la podría comparar con una mascota. Esto no es algo tan malo. Como a un cachorro al que se educa, el empleado tiene que recibir en el hocico un rápido y cariñoso golpe propinado con un periódico siempre que muestre sus carencias de empatía. Y hablo en serio cuando digo lo de rápido y cariñoso.

Recuerden, las intenciones del empleado no son malas. Así que, en medio de una reunión, hagan una pausa y digan: «Eh, Bob, esta es la parte de la reunión en la que deberías darle las gracias a ella por lo que hizo.» O incluso: «Bob, voy a decirte esto porque sé que quieres saberlo, no porque esté furioso contigo. Estoy un poco desanimado por mi situación familiar, y me ayudaría que te dieras cuenta.» O ¿qué tal esta?: «La próxima vez que tengas un problema con mi equipo, quizá no quieras enviar un correo electrónico, y si lo haces, consúltalo antes con alguien que pueda ayudarte a incluir un encabezamiento y una despedida amables. Anoche, mis colaboradores se enfadaron de veras, aunque les expliqué que no lo hiciste con mala intención.»

Si esto se les antoja elemental o incluso infantil, no importa. Dejará de serlo una vez que establezcan la verdadera naturaleza de la ayuda que necesita su empleado. Y si este está sinceramente interesado en mejorar, les dará las gracias por ello. De hecho, esto acabará convirtiéndose en motivo de bromas y de unión para él y el equipo. Al fin y al cabo, las intenciones del empleado son buenas. Al igual que un cachorro, nos acabará queriendo por hacer todo esto y se alegrará de que no tengamos que limpiar nada a su paso.

APLICACIÓN #4: INCORPORAR EL MODELO A LA CULTURA DE UNA ORGANIZACIÓN

Creo que el trabajo en equipo no es una virtud, sino más bien una elección, una decisión estratégica y deliberada, lo cual significa que no sirve para todo el mundo.

Dicho esto, debo admitir que me resulta difícil imaginar una empresa que no quiera experimentar los beneficios del trabajo en equipo. Pero, si los jefes de una organización no están dispuestos a invertir el tiempo y el esfuerzo considerables que conlleva convertir el trabajo en equipo en algo más que una simple frase desechable o el lema de un cartel para la sala de descanso, entonces realmente tiene algo de virtuoso ser franco al respecto.

Y si digo esto es porque no querría que un líder hiciera lo que voy a recomendar aquí si realmente no está comprometido con la cultura del trabajo en equipo, la clase de trabajo en equipo que atrae a los jugadores ideales de equipo. Así pues, para aquellas organizaciones que sean sinceras sobre la humildad, el hambre y la empatía, he aquí unas cuantas ideas sencillas para incorporar esas virtudes a sus culturas.

Ser explícito y audaz

Los líderes que creen que el trabajo en equipo es importante y esperan humildad, hambre y empatía de sus empleados deberían ser directos y decirlo así. Y deben decírselo a todo el mundo: empleados, proveedores, socios, clientes, futuros clientes, futuros empleados... A todos.

Como es natural, deberían hacerlo de una manera adecuada. No es de mercadotecnia de lo que estoy hablando, sino más bien de crear expectativas. El objetivo es informar a cualquiera con quien vaya a tener relaciones la organización, equipo o departamento, que debe esperar que las personas con las que trate profesen la humildad, tengan hambre y empatía.

Los líderes no deberían andarse con remilgos a este respecto. Los carteles y las camisetas no suelen ser la respuesta; pero hagan lo que hagan, no deberían ocultar su compromiso con las tres virtudes ni facilitar que la humildad, el hambre y la empatía se desvanezcan. Al final, serán sus clientes, proveedores, socios y empleados los que acabarán convirtiéndose en sus mejores instrumentos publicitarios para encontrar a la clase de personas que encajen con la organización y espantar a las que no.

¿Por qué no son más explícitas y audaces las empresas acerca de su cultura de trabajo en equipo? En muchos casos, no son lo bastante serias para sacarla a la luz con confianza y de manera integral. A veces, les da vergüenza que pueda parecer sensiblera. O piensan que es demasiado simplona. ¿Saben qué clase de organizaciones hablan a las claras de establecer una cultura sólida? Las que tienen éxito. Estas empresas se muestran más que dispuestas a hacer cosas que son simples o que podrían obtener respuestas cínicas o sarcásticas de los competidores. Solo pregúntenle a Southwest Airlines, Chick-fil-A, Ritz-Carlton o REI.

Atrapar y exaltar

Los líderes que quieren crear una cultura de humildad, hambre y empatía en sus empresas deberían estar permanentemente al acecho de cualquier demostración de esas virtudes. Y cuando la detecten, deberían exhibirla como ejemplo para que todos la vean.

En la vida vemos con harta frecuencia a personas que hacen lo que queremos que hagan y no decimos nada, dando por sentado que la conducta se ha convertido en algo natural para ellos, una norma fácil de cumplir. Justificamos entonces nuestra falta de elogio afirmando que llamar la atención sobre una conducta que el empleado considera algo fundamental le avergonzaría. Lo que no comprendemos al actuar así es que el objetivo del elogio no es solo el de reforzar la conducta en ese empleado, sino también el de fortalecerla en todos los demás.

Los jefes de equipo que destacan no temerán llamar la atención sobre un sencillo acto de trabajo en equipo cuando lo vean. Agradecerán una muestra de humildad, de hambre o de empatía no porque quieran que se les considere unos jefes sofisticados o brillantes, sino porque desean que todo el mundo sepa exactamente qué clase de conductas esperan y agradecen.

Las más de las veces, me he encontrado con jefes que subestiman sobremanera el efecto que un comentario o un rápido gesto de aprobación tiene sobre los empleados. Dedicarán semanas a intentar ajustar un plan anual de bonificaciones o algún otro sistema de compensaciones creyendo que sus empleados funcionan con monedas, pero olvidarán detener a alguien durante una reunión y decir: «Eh, eso es un ejemplo fantástico de hambre. Todos deberíamos tratar de actuar más a menudo de esa manera.»

No estoy diciendo que las compensaciones no importen. Pero si queremos crear una cultura de humildad, hambre y empatía la mejor manera de hacerlo es la de atrapar constantemente a la gente que las exhibe y mostrarla públicamente como ejemplo. Los globos, las pastitas y las baratijas de plástico son innecesarios, basta con un reconocimiento sincero en el momento.

Detectar y solucionar

El último y sencillo paso para incorporar la humildad, el hambre y la empatía a la empresa es algo que cualquier padre o asesor nos diría que es esencial (aunque a ellos les resulte difícil llevar a la práctica). Siempre que veamos una conducta que infrinja uno de los tres valores, dediquemos tiempo a comunicar al infractor que tal conducta está fuera de lugar. Y no lo hagamos solo en las situaciones gravísimas. A menudo, las infracciones más pequeñas son las más difíciles de ver para los empleados y de las que más aprenden.

Como es natural, hacer esto bien exige tacto y sentido común. Ser demasiado duro con un error insignificante, o demasiado blando con uno flagrante, ocasiona sus propios problemas. Dicho esto, lo fundamental es que los líderes, y en última instancia los compañeros de equipo, no desperdicien ninguna oportunidad de lograr una enseñanza constructiva. Las buenas culturas suelen ser adecuadamente intolerantes con ciertas conductas, y los buenos equipos deberían ser rápidos y discretos a la hora de solucionar cualquier falta de humildad, hambre o empatía.

LA CONEXIÓN DEL MODELO DE JUGADOR IDEAL DE EQUIPO CON LAS CINCO DISFUNCIONES DE UN EQUIPO

Algunos lectores de *Las cinco disfunciones de un equipo* pueden estar preguntándose cómo encajan ambos libros y modelos. Algunos de esos mismos lectores puede incluso que hayan participado en actividades de consultoría u orientación relacionadas con el modelo de las cinco disfunciones, y quizá sientan curiosidad por saber si el modelo del jugador ideal de equipo puede ayudarles a mejorar el trabajo que han hecho.

Me satisface decir que los dos modelos se complementan. He aquí cómo.

En primer lugar, el libro, el equipo de evaluación en línea y otros productos de *Las cinco disfunciones de un equipo* se centran todos en la manera en que un grupo de personas debe relacionarse para convertirse en un equipo cohesionado. Sin embargo, este libro fija su atención en el miembro individual de un equipo y en las virtudes que lo hacen más proclive a superar las disfunciones que provocan el fracaso de los equipos.

Por ejemplo, una persona que cultive su humildad va a demostrar mucho mejor la vulnerabilidad que otra que sea arrogante, insegura y egoísta. De igual manera, quien mejore su empatía tendrá menos problemas para participar en un conflicto productivo porque sabrá estudiar y comprender a sus compañeros de equipo y, en consecuencia, adaptar las palabras y las conductas convenientemente.

En otras palabras, ser un jugador ideal de equipo tiene que ver con los atributos que han de poseer los miembros individuales de un equipo, mientras que las cinco disfunciones versan sobre las dinámicas de los equipos que consiguen resultados.

En segundo lugar, cualquier equipo que haya invertido tiempo y energía en la metodología de las cinco disfunciones puede utilizar el modelo de la humildad, el hambre y la empatía como una puesta a punto. Hemos descubierto que algunos equipos se topan con un muro en su avance hacia la superación de las disfunciones. En muchos casos, el equipo puede traspasar ese muro si sus miembros profundizan en su mejoría individual en relación con las virtudes que podrían estar frenándolos.

Esto se parece un poco al motor de un coche de carreras que tiene gasolina y aceite de sobra pero al que una pizca de aditivo puede hacer más eficaz y eficiente en su funcionamiento, al lubricar mejor las piezas o mejorar la combustión de la gasolina. (De acuerdo, hasta aquí llegan mis conocimientos de automoción, pero seguramente han captado la idea.) Si la humildad, el hambre y la empatía de los miembros de un equipo mejora, podrán avanzar en la superación de las cinco disfunciones.

Por último, el modelo y herramientas del jugador ideal de equipo presentados en este libro proporcionan una oportunidad más para que los miembros del equipo sean vulnerables entre sí. Cuando reconoce sus virtudes y defectos —recuerden, el líder siempre debería ser el primero—, un equipo puede alcanzar niveles más altos de confianza entre sus miembros, lo que a su vez aumenta las probabilidades de que se den el conflicto, el compromiso, la responsabilidad y los resultados.

RESUMEN DE LAS CINCO DISFUNCIONES DE UN EQUIPO

#1: Ausencia de confianza

El miedo a ser vulnerable con los miembros del equipo impide el fomento de la confianza en el seno del equipo.

#2: Temor al conflicto

El deseo de conservar una armonía artificial frena la aparición del conflicto ideológico y productivo.

#3: Falta de compromiso

La falta de claridad y/o el temor a estar equivocado impide a los miembros del equipo tomar decisiones de manera oportuna y definitiva.

#4: Evitación de responsabilidades

La necesidad de evitar la incomodidad en las relaciones personales impide que los miembros del equipo se exijan mutuamente responsabilidades por sus conductas.

#5: Falta de atención a los resultados

El deseo de reconocimiento personal merma la atención sobre el éxito colectivo.

Para más información sobre el modelo o cualquier otra cosa relacionada con las cinco disfunciones, consultar www.tablegroup.com.

UNA ÚLTIMA REFLEXIÓN: MÁS ALLÁ DE LOS EQUIPOS DE TRABAJO

A lo largo de los últimos veinte años me ha quedado claro que la humildad, el hambre y la empatía tienen utilidad fuera del lugar de trabajo. Un cónyuge, un padre, un amigo o un vecino con estas virtudes va a ser una persona más eficaz, estimulante y atractiva, una persona que atrae a los demás y a los que les es más útil.

Pero debo admitir que al margen de las otras dos virtudes, la humildad no tiene parangón. Es, efectivamente, la más importante de todas las virtudes y la antítesis de la soberbia, que, según la Biblia, es el origen de todos los pecados. El ejemplo más convincente de humildad de la historia de la humanidad lo podemos encontrar en Cristo, que se rebajó para compartir nuestra humanidad. Mientras estuvo entre nosotros, atrajo a personas de todo tipo, y sigue haciéndolo en la actualidad, dando un ejemplo de humildad muy influyente y que al mismo tiempo contrasta con la cultura dominante.

Y, por eso confío en que los lectores de este libro obtengan algo más y lo apliquen a sus vidas: el agradecimiento por el auténtico don que supone ser humilde y el origen divino de esa virtud.

RECURSOS ADICIONALES

Si quisieran obtener más información sobre el modelo del jugador ideal de equipo, visiten nuestra pagina web www.tablegroup.com/idealteamplayer.

En ella encontrarán los siguientes recursos:

- Videoclips
- Autoevaluación para empleados
- Evaluación de jefes
- Artículos relacionados
- Gráfica del modelo
- Preguntas y respuestas del autor
- Otras herramientas y recursos

Si quisieran que alguien les ayudara a poner en funcionamiento algunos de los conceptos de este libro, por favor, pónganse en contacto con nosotros en The Table Group visitando www.tablegroup.com.

AGRADECIMIENTOS

Quiero expresar mi reconocimiento y gratitud a mi maravillosa esposa, Laura, y a mis cuatro adorables hijos, Matthew, Connor, Casey y Michael, por concederme el tiempo y el espacio necesarios para escribir libros. Y agradecer a mis compañeros de The Table Group —Amy, Tracy, Karen, Jeff, Lynne, Jackie, Kim, Cody y Dani— por formar parte de un laboratorio viviente de humildad, hambre y empatía.

Gracias también a mi fantástico agente, Jim Levine, por su compromiso e ideas en torno al modelo del jugador ideal de equipo. Y a todas las fantásticas personas de Wiley por su colaboración y compromiso conmigo y con The Table Group a lo largo de todos estos años.

Quiero expresar mi agradecimiento a todos los consultores del mundo por dedicarse a ayudar a que los clientes hagan realidad la salud organizacional. Y les doy las gracias a todos los clientes interesados en la salud organizacional que confiaron en nosotros para que les asistiéramos con nuestros productos y servicios.

Les estoy especialmente agradecido a nuestros amigos de ViNE y del movimiento The Amazing Parish, además de a las queridas hermanas carmelitas de Los Ángeles y a mis muchos amigos sacerdotes diseminados por todo el país por sus oraciones y apoyo. Mi agradecimiento a Matthew Kelly por recordarme que escribiera este libro.

Y gracias a ti, mamá, por tu interés y oraciones diarias, que tanto aprecio. Y a mi difunto padre: gracias por ser mi primer instructor y maestro en el trabajo en equipo.

Y, por supuesto, debo darle las gracias a Dios; Tú eres el origen de todo lo bueno.

SOBRE EL AUTOR

Patrick Lencioni es fundador y presidente de The Table Group, una empresa creada en 1997 y dedicada a ayudar a que los líderes mejoren la salud de sus organizaciones. Sus principios han sido asumidos por líderes de todo el mundo y adoptados por organizaciones de casi todo tipo, entre ellas multinacionales, empresas incipientes, equipos deportivos profesionales, las fuerzas armadas, organizaciones sin ánimo de lucro, colegios e iglesias.

Lencioni es autor de diez libros de temática empresarial que han vendido casi cinco millones de ejemplares en todo el mundo. Ha sido colaborador de, entre otras publicaciones, el *Wall Street Journal*, la *Harvard Business Review*, *Fortune*, *Bloomberg Businessweek* y *USA Today*.

Con anterioridad a la fundación de The Table Group, Lencioni desempeñó un puesto directivo en Sybase Inc. Inició su carrera profesional en Bain & Company y posteriormente trabajó en Oracle Corporation.

Lencioni vive en la zona de la Bahía de San Francisco con su esposa y sus cuatro hijos.

Para saber más sobre Patrick y The Table Group, por favor, visiten www.tablegroup.com.

iOS